韓国語1st Step

大学生のための実践会話

町田小雪・尹秀一・金辰成 著

白帝社

音声ダウンロードサービスについて

■ このテキストの音声ファイル(MP3)を無料でダウンロードすることができます。
「白帝社　韓国語 1st《ファースト》 Step《ステップ》」で検索、または以下のページにアクセスしてください。

http://www.hakuteisha.co.jp/news/n43418.html

● 本文中の 00-0 マークの箇所が音声ファイル(MP3)提供箇所です。PCやスマートフォン(別途解凍アプリが必要)などにダウンロードしてご利用ください。

＊デジタルオーディオプレーヤーやスマートフォンに転送して聞く場合は、各製品の取り扱い説明書やヘルプ機能によってください。

＊各機器と再生ソフトに関する技術的なご質問は、各メーカーにお願いいたします。

はじめに

大学に入学されたみなさんは、外国語を1つマスターしたいという思いを抱くのではないでしょうか。でも実際に授業が始まると、文字や発音、単語、動詞や形容詞の活用など、次々に覚えることが続き戸惑いの声が聞こえます。

「家族とソウルを旅行する」、「韓国人の留学生と友だちになった」、「K-popのアイドルの話を韓国語で聞き取りたい」など具体的なことがあれば、'やる気スイッチ' が入ります。語学は受け身では面倒に感じるでしょうが、刺激を受けると積極的に取り組み、学習方法を工夫するようになります。

外国語の学習は「読む・聞く・話す・書く」を駆使しながら反復して練習することが不可欠です。一朝一夕で身に付くような魔法はないでしょう。韓国語を習得しようという初心を達成するためには、基礎となる文字と発音を上手く攻略することが大切です。その思いに少しでも応えようと、このテキストでは私たちの経験もふまえて工夫を重ねました。

韓国と日本は歴史的に文化的に長く深い関係があります。韓国では高校や大学の授業で、また多くの社会人が企業内教育や語学教室などで日本語を学んでいます。日本でもK-popの人気を背景に若い世代を中心に韓国語の学習者が増えています。韓国語と日本語は特徴が似ている点が多く、日本人にとって親しみやすく学びやすい外国語の1つだと言われます。みなさんにはお隣の国の言葉を学び交流の一助にしてほしい、外国語を学ぶ楽しさを体感してほしい――これが私たちがこのテキストに込めた思いです。これからみなさんの学習が進むことを願っています。

2022年春

このテキストの特徴と構成について

このテキストは、韓国語の基礎から初級段階を習得することを目的にしています。大学の春・秋学期の授業時間をもとに学習範囲を設定しています。学習を始める前に本書の特徴について確認しましょう。

「文字の読み書きを分かりやすく理解する」

ご存知のように韓国語はハングルという独特の文字と発音があり最初の関門になっています。これをクリアすれば思いのほか平坦な道が続き、容易に話せるようになります。本書は「文字と発音編」では表や図形などを用いて、理解しやすいように説明しました。また韓国語は発音の変化が少なくありません。「文字と発音編」「会話編」とも、発音の変化については丁寧に説明して、音声を聞きながら確認できるようにしました。

「文法・文型は簡潔にまとめる」

本書で学ぶ文型や単語は、ハングル能力検定試験5級の学習範囲を想定しています。文法・文型は例文をあげて、できる限り簡潔に説明しました。学習した文型はChallengeの「置き換え練習」や「聞き取り練習」、「書く練習」などで反復しながら体得するようにします。「習うより慣れろ」との思いです。

「実践的な会話を学ぶ」

「韓国に行く機会があれば、すぐに使える実践的な会話」―これが私たちが目指したものです。日本人学生が韓国を旅行したり短期滞在することを念頭に、会話編の各課の本文は体験型のストーリーになっています。「大学生のための実践会話」、これがこのテキストの大きな特徴になっています。

会話編は日本人学生(三浦沙希さん)が韓国語を学ぶためにソウルを訪れて、韓国人学生(柳智勲さん)の家族と交流しながら会話を学ぶ構成になっています。第7課では初対面のあいさつをします。その後、家族の紹介、食事、買い物、地方旅行、保健センターなどの会話が続きます。最後の第20課では空港で別れのあいさつをします。いずれもみなさんが使える場面を想定しています。

「総合的な応用力をつける」

本書のもう一つの特徴は文型や単語を反復して体得することです。外国語は次々に文型や単語が出てきます。私たちの経験から、学習した文型や単語を反復して練習することが大事だと思います。「Challenge」では、「置き換え練習」、「聞き取り練習」、「書く練習」を設けて、「読む・聞く・書く」練習をくり返して応用力をつけるようにします。

動詞・形容詞は不規則な変化もふくめて丁寧に学習しましょう。Challengeでは動詞・形容詞の活用表を作成しながら確認します。また本書ではColumnを適宜に設けています。韓国の事情を紹介することはもちろん、学習に役立つ単語も学べるようになっています。(本書で紹介したWEB情報は2021年7月31日に最終確認しました)

本書の構成は、次のようになっています。

〈 文字と発音編 〉　第1課 ～ 第6課

表や図などを使って理解しやすいように説明しました。文字と発音を一度で理解することは大変です。会話編に進んで分からない発音があれば、文字と発音編にもどり確認しましょう。学習に必要だと思われる個所は音声が聞けるようになっています。予習・復習のために繰り返して聞きましょう。

〈 会話編 〉　第7課 ～ 第20課

第7課からは、例えば「単語→文法・文型→会話文（本文）→Challenge」の順に学ぶなど工夫しましょう。各課には「すぐ使える表現」「あいさつ」があります。日常の生活場面でよく使われるものばかりです。韓国人と会う機会があれば、話してみましょう。

〈 付録 〉

①「単語をチャージしよう」　会話編第7～20課の文法・文型やチャレンジなどの例文で学ぶ単語を整理しています。単語をチャージ（予習）しておきましょう。

②「助詞を整理しよう」

このテキストで学んだ助詞（～は、～が…）の一覧があります。整理して復習しましょう。

③「反切表」　文字と発音の確認と練習に使いましょう。

00-0 【音声の聞き取りについて】

このテキストの音声は、出版社である「白帝社のホームページ」から、いつでもダウンロードして聞けるようになっています。学習に活用しましょう。

目次

はじめに

このテキストの特徴と構成について

文字と発音編

第1課　基本母音、文字の仕組み……2

Column　ようこそハングルの世界へ

第2課　基本子音……7

Column　ハングルの成り立ち

第3課　激音と濃音……12

Column　韓国の国花　無窮花

第4課　複合母音、仮名のハングル表記……17

Column　金閣寺と銀閣寺

第5課　パッチム、連音化……23

Column　街でハングルをさがそう

第6課　発音の変化、分かち書き……27

Column　신촌　と　신천

会話編

第7課　お会いできてうれしいです……34

Column　漢字語を活用しよう

第8課　私の兄です……40

Column　礼節を大切に

第9課　いくらですか……48

復習　第7課～第9課

Column　師匠の日

第10課　午後5時までです……56
第11課　図書館にいます……64
第12課　歴史小説が好きです……70
復習　第10課～第12課
Column　韓国の中華街
第13課　本当においしいです……78
第14課　韓屋村が有名です……86
Column　韓国の旅 全羅北道 全州
第15課　不便ではないですか……94
復習　第13課 ～ 第15課
Column　語学は楽しく継続しましょう
第16課　のどが痛いです……102
Column　韓服
第17課　お土産を買いたいです……110
Column　年中行事と食文化
第18課　一緒に行きましょうか……116
復習　第16課～第18課
Column　韓国のことわざ
第19課　写真を撮りました……124
第20課　また会いましょう……132
Column　한국어 공부는 즐거웠습니까?
付録 1　単語をチャージしよう……142
付録 2　助詞を整理しよう……146
付録 3　反切表

文字と発音編

第1課　基本母音、文字の仕組み

1 ハングルとは

ハングルは朝鮮王朝第４代の世宗大王(세종대왕 1397～1450)によって創製され、1446年に公布されました。『世宗実録』には、「… 上親制諺文二十八字 … 是謂訓民正音…」とあり、当時ハングルは「訓民正音(훈민정음)」とよばれました。これは「民を教える正しい音」という意味で、ハングルが漢文に精通していた知識層ではなく、庶民のために新しい文字を提供する目的で作られたことがわかります。

ハングル(한글)という言葉は、20世紀になって使われ始めたもので、ハングルのハンは「大きい、偉大な」、グルは「文字」—「偉大な文字」という意味です。国王みずから民衆のために創られた偉大な文字との思いが込められています。ちなみに朝鮮民主主義人民共和国(北朝鮮)では朝鮮文字(조선글)と呼ばれています。ハングルはあくまで文字の名称なので、「ハングル語」というのは誤った表現です。

韓国では10月9日を「ハングルの日」と定めて偉業をたたえています。国内には芸術文化施設である世宗文化会館をはじめ、世宗市や世宗大学、世宗路(ソウル特別市鍾路区)など大王の名を冠した名称が多くあります。日本でも世宗大王のドラマが放映され好評を得ました。

● 韓国語の特徴について

韓国語は日本語と文法構造や語順が似ており、日本人には学びやすい言語です。日本語と同じように助詞(て、に、を、は等)と語尾の活用があり、尊敬語が発達しています。単語は漢字から由来するものが多く、ほとんどの漢字は1つの音しかありません。

ハングルは母音11字と子音17字の28字で創られましたが、現在では母音10字と子音14字の合計 24 字が用いられています。

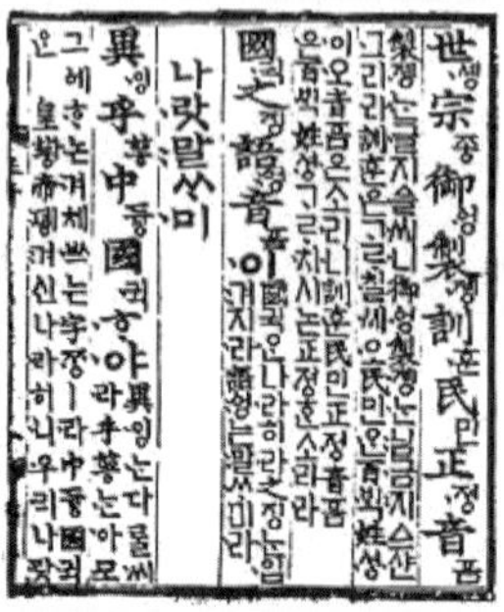

訓民正音

世宗大王

2 基本母音 10

Step1 基本母音 10 個を発音しよう。 1-1

No	母　音	ローマ字表記	発　音	正しい筆順で書きましょう
1	ㅏ	a	口を大きく開けて「ア」	ㅏ ①↓ →②
2	ㅑ	ya	口を大きく開けて「ヤ」	ㅑ ①↓ →② →③
3	ㅓ	co	「ア」を言うように口を大きく開けて「オ」※	ㅓ ①→ ↓②
4	ㅕ	yeo	口を大きく開けて「ヨ」※	ㅕ ①→ ②→ ↓③
5	ㅗ	o	唇を丸く突き出して「オ」	ㅗ ①↓ →②
6	ㅛ	yo	唇を丸く突き出して「ヨ」	ㅛ ①↓ ②↓ →③
7	ㅜ	u	唇を丸く突き出して「ウ」	ㅜ →① ↓②
8	ㅠ	yu	唇を丸く突き出して「ユ」	ㅠ →① ②↓ ↓③
9	ㅡ	eu	「イ」を言うように口を横にひいて「ウ」※	ㅡ →①
10	ㅣ	i	口を横に引いて「イ」	ㅣ ①↓

※は日本語にない発音

発音のローマ字表記は2000年 7月 7日 大韓民国文化観光部告示 第2000-8号 に基く

Point 基本母音は発声する口の形によって、3つのグループに分けられる。

❶ 口を大きく開く母音　ㅏ　ㅑ　ㅓ　ㅕ

❷ 唇を丸く突き出す母音　ㅗ　ㅛ　ㅜ　ㅠ

❸ 口を横にひく母音　ㅡ　ㅣ

Step2　文字の仕組み　基本母音10個を書いてみよう。

ハングルは母音だけで書くことはないので、ここでは子音の「ㅇ」と組み合わせて書きます。子音「ㅇ」は音がないため(無音)、組み合わせると母音本来の発音になります。

母音を書く位置：子音 ㅇ を先に書き

縦長母音　　タテに長い母音は　子音の右横に書く

ㅏ　ㅑ　ㅓ　ㅕ　ㅣ

横長母音　　ヨコに長い母音は　子音の下に書く

ㅗ　ㅛ　ㅜ　ㅠ　ㅡ

子音	母音

子音
母音

Advice　横長母音 ㅗ ㅛ の縦棒は短めに、ㅜ ㅠ の縦棒は少し長めに。ていねいに書きましょう。

아	아			
야	야			
어	어			
여	여			
오	오			
요	요			
우	우			
유	유			
으	으			
이	이			

Challenge

Ⅰ. 子音「ㅇ」と組み合わせて書きましょう。

ㅏ　ㅑ　ㅓ　ㅕ　ㅗ　ㅛ　ㅜ　ㅠ　ㅡ　ㅣ

아

Ⅱ. 単語を書きましょう。 ※漢字由来の語は［　］で表記（漢字語とよばれます）

① 이유［理由］　② 우유［牛乳］　③ 여유［余裕］

④ 아이（子ども）　⑤ 여우（キツネ）　⑥ 오이（きゅうり）

Ⅲ. 音声を聞いて、a bのなかで正しいものを選びましょう。 1-2

① a. 아　b. 야　② a. 오　b. 우　③ a. 어　b. 여

④ a. 요　b. 여　⑤ a. 여유　b. 여우

Ⅳ. 聞き取り練習　音声を聞いて、書いてみましょう。 1-3

① ＿＿＿＿　② ＿＿＿＿　③ ＿＿＿＿

④ ＿＿＿＿　⑤ ＿＿＿＿　⑥ ＿＿＿＿

Column ようこそハングルの世界へ

大学の授業で韓国語を選択した理由をたずねると、「中学生のときからK–popが大好きなので」、「ドラマを韓国語で聴けるようになりたい」、「韓国に留学したい」、「隣の国だから旅行したい」などの声が聞かれます。韓国でもずっと以前からJ–popや日本のアニメが好きで大学で日本語を選択する学生が多くいます。音楽やドラマ、ダンスなどを楽しみながら、互いに言葉を学ぶ姿は眩いばかりです。昭和世代の私たちには隔世の感があります。

海外に留学し帰国した後に韓国語の学習を始める学生も少なくありません。「留学先で韓国人と仲良くなり、これからも親しくしたいから」と話します。日韓関係は困難な時もありますが、第三国で両国の学生が留学生活を共にしながら親交を深めており、未来への希望を抱かせます。

またアジアや欧米などから来日した留学生にも韓国語の受講が増えています。彼らの多くが母語、英語、日本語、さらに韓国語と実に4つ目の言語となります。楽しそうに学ぶ彼らに、なぜ熱心に取り組むのかたずねると、「言葉を学ぶと人々の考え方や文化を知ることができ、自分の心が広がる」との答えが返ってきます。この一言には外国語を学ぶ意義が簡潔に表現されており、あらためてその深い意味を感じます。

これからの授業を通じて外国語を学ぶ楽しさを存分に味わってください。機会があれば、ぜひ韓国を訪れていろいろなことを体験しましょう。

ソウルには国立ハングル博物館(국립한글박물관)があります。「韓民族最高の文化遺産である『ハングル』の文字的・文化的価値を創出し、広く知らせる」ことを目的に、2014年10月9日(ハングルの日)に開館しました。常設展示室のほか企画展やミュージアムショップ、カフェなどがあります。

WEB　国立ハングル博物館　https://www.hangeul.go.kr/lang/jp/
入館無料　日本語ページ
ソウル駅から地下鉄4号線で約10分、二村(国立中央博物館)駅下車

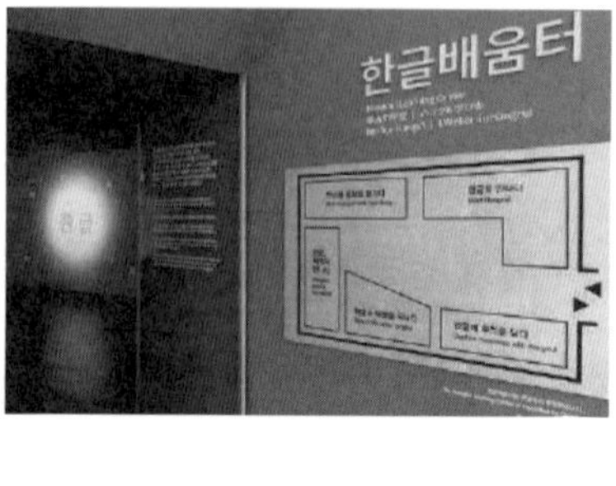

第2課　基本子音

ハングルの子音

Step1　子音を発音しよう

2-1

ハングルには基本となる子音が14あります。この課ではまず9つ学びます。

No	子音字	書き順	名称	ローマ字表記	発音
1	ㄱ	ㄱ①	기역　キヨク	k / g	語頭ではk、語中ではgで発音
2	ㄴ	ㄴ①	니은　ニウン	n	日本語の「な行」とほとんど同じ
3	ㄷ	ㄷ①②	디귿　ティグッ	t / d	語頭ではt、語中ではdで発音
4	ㄹ	ㄹ①②③	리을　リウル	r	日本語の「ら行」とほとんど同じ
5	ㅁ	ㅁ①②③	미음　ミウム	m	日本語の「ま行」とほとんど同じ
6	ㅂ	ㅂ①②③④	비읍　ビウプ	p / b	語頭では p、語中ではbで発音
7	ㅅ	ㅅ①②	시옷　シオッ	s	日本語の「さ行」とほとんど同じ
8	ㅇ	ㅇ①	이응　イウン	ng	初声では無音
9	ㅈ	ㅈ①②	지읒　ジウッ	j	語頭では ch、語中では j で発音

発音 발음

子音だけでは発音できないので、基本母音 ㅏ(a) をつけて練習しましょう。

가	나	다	라	마	바	사	아	자
ka	na	ta	ra	ma	pa	sa	a	ja

Advice

ㄱ　ㄷ　ㅂ　ㅈ　語頭、語中の発音

두부 **tu bu**　순두부 **sun du bu**　가구 **ka gu**　부부 **pu bu**

日本語も豆腐(とうふ)、湯豆腐(ゆどうふ)と語頭・語中で発音が異なります。発音しにくいので変わったと考えましょう。

Step2 子音を書いてみよう

9つの子音に、基本母音 10 個を組合せて書いてみましょう。

1. 縦長母音　ㅏ　ㅑ　ㅓ　ㅕ　ㅣ は、子音の右側に書きます。

ㄱ ＋ ㅏ → 가　　　ㄱ ＋ ㅣ → 기

書き方のコツ ①

縦長母音の左に書く子音は 縦に細長く書きます
文字のバランスに気をつけましょう

2. 横長母音 ㅗ　ㅛ　ㅜ　ㅠ　ㅡ は、子音の下に書きます。

ㄱ ＋ ㅗ → 고　　　ㄱ ＋ ㅜ → 구

書き方のコツ ②

横長母音の上に書く子音は 横に太くつぶして書きます
特に ㅜ ㅠ の上はもっと薄く横に広げます

母音と子音のバランスに気をつけて、発音しながら書きましょう。

가	갸	거	겨	고	교	구	규	그	기
다	댜	더	뎌	도	됴	두	듀	드	디
사	샤	서	셔	소	쇼	수	슈	스	시

Challenge

Ⅰ. 語頭と語中の発音のちがいに気をつけて発音しましょう。 2-2

① 가수 [歌手]　② 너구리 (タヌキ)　③ 나무 (木)　④ 도마 (まな板)

⑤ 자두 (スモモ)　⑥ 자리 (席)　⑦ 무 (大根)　⑧ 바다 (海)

⑨ 나비 (チョウチョ)　⑩ 두부 [豆腐]　⑪ 지도 [地図]

⑫ 저고리 (伝統衣装の上衣)　⑬ 사자 [獅子]　⑭ 아주 (とても)

Ⅱ. 単語を書いてみましょう。

① 고기 (肉)　② 나라 (国)　③ 다리 (足)　④ 모두 (全て)　⑤ 버스 (バス)

______　______　______　______　______

⑥ 사이 (あいだ)　⑦ 어머니 (母)　⑧ 아버지 (父)　⑨ 자기 [自己]

______　______　______　______

Ⅲ. 音声を聞いて、a, bのなかで正しいものを選びましょう。 2-3

① a. 나　② a. 샤　③ a. 다리　④ a. 나비　⑤ a. 사이

b. 라　b. 자　b. 자리　b. 자기　b. 사자

Ⅳ. 聞き取り練習　音声を聞いて書いてみましょう。 2-4

① ______　② ______　③ ______

④ ______　⑤ ______　⑥ ______

Challenge

基本母音10個と子音9個を組み合わせて書きましょう。

ハングルは記号ではありません。正しい書き順で練習しましょう。

母音 子音	ㅏ	ㅑ	ㅓ	ㅕ	ㅗ	ㅛ	ㅜ	ㅠ	ㅡ	ㅣ
ㄱ										
ㄴ										
ㄷ										
ㄹ										
ㅁ										
ㅂ										
ㅅ										
ㅇ										
ㅈ										

Column ハングルの成り立ち

ハングルの子音17文字のうち、基本になる5文字は発音器官の形をモデルにして作られました。『訓民正音』での説明は次の通りです。

牙音　ㄱ　象舌根閉喉之形 (牙音ㄱ は舌の根が喉の穴を塞ぐ形)
舌音　ㄴ　象舌附上顎之形 (舌音ㄴ は舌が上の歯茎につく形)
唇音　ㅁ　象口形 (唇音ㅁ は口の形をかたどっている)
歯音　ㅅ　象歯形 (歯音ㅅ は歯の形をかたどっている)
喉音　ㅇ　象喉形 (喉音ㅇ は喉の穴の形をかたどっている)

残りの文字は上記の基本文字に、画を一つずつ加えて作られました。

ㄱ → ㅋ

ㄴ → ㄷ → ㅌ
　　　└→ ㄹ

ㅁ → ㅂ → ㅍ

ㅅ → ㅈ → ㅊ

ㅇ → ㅎ

一方、母音は、まず基本文字3字を作り、残りはこれらを組み合わせて作りました。

・　… 形之圓 象乎天也 (形が丸いのは天をかたどる)

ㅡ　… 形之平 象乎地也 (形が平らなのは大地をかたどる)

ㅣ　… 形之立 象乎人也 (形が立っているのは人をかたどる)

例をあげると　・ ＋ ㅡ → ㅗ

・ ＋ ㅣ → ㅓ　となります。

おすすめ図書　金両基 『ハングルの世界』 中公新書 1984

第3課　激音と濃音

Step1　激音

この課では残りの子音5つ(激音)と濃音を学習します。

No	子音字	書き順	名称	ローマ字表記	発音
10	ㅊ	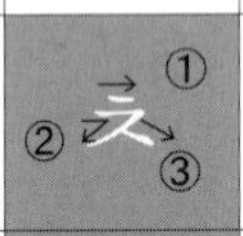	치읓　チウッ	ch	激音（歯の間から息を出す）
11	ㅋ	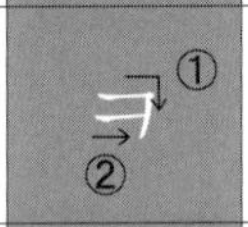	키읔　キウク	k	激音（喉の方から息を出す）
12	ㅌ	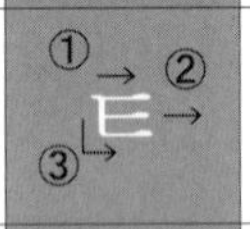	티읕　ティウッ	t	激音(舌を前歯の後にあて、離しながら息を出す)
13	ㅍ	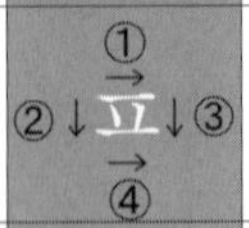	피읖　ピウプ	p	激音(唇から息を強く出す)
14	ㅎ	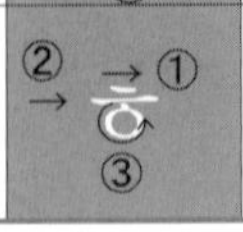	히읗　ヒウッ	h	激音　「は行」と同じ

激音は子音（平音）が、息が強めに出る音

平音		激音		
ㅈ	→	ㅊ	차	cha
ㄱ	→	ㅋ	카	ka
ㄷ	→	ㅌ	타	ta
ㅂ	→	ㅍ	파	pa
ㅇ	→	ㅎ	하	ha

左の文字に点や線などが加わり、激音を表す

※차 챠　처 쳐　초 쵸　추 츄 はそれぞれ発音が同じ

Step2 濃音

3-2

濃音とは 基本子音 ㄱ ㄷ ㅂ ㅅ ㅈ がそれぞれ隣り合わせになった子音です。発音のポイントは、激音は息を強めに出しますが、濃音は息を出さない音です。

子音字	書き順	名称	ローマ字表記	発音
ㄲ	① ㄲ ②	쌍기역　サンキヨク	kk	까　「ッカ」
ㄸ	①→③ ㄸ ②→④	쌍디귿　サンディグッ	tt	따　「ッタ」
ㅃ	①②③④ ㅃ ⑤⑥⑦⑧	쌍비읍　サンピウプ	pp	빠　「ッパ」
ㅆ	①② ㅆ ③④	쌍시옷　サンシオッ	ss	싸　「ッサ」
ㅉ	①③ ㅉ ②④	쌍지읒　サンジウッ	jj	짜　「ッチャ」

Advice　〈サッカ〉とゆっくり発音しましょう。「サ」を発音したあとに、喉の奥がつまり、緊張していることわかります。その「ッカ」が濃音 까 の発音になります。「息を出さずに、少し大きめの音」が発音のコツです。

平音・激音・濃音　これまで学習した文字と発音を確認しましょう。

	平音	激音	濃音
k	ㄱ	ㅋ	ㄲ
t	ㄷ	ㅌ	ㄸ
p	ㅂ	ㅍ	ㅃ
s	ㅅ	—	ㅆ
j	ㅈ	ㅊ	ㅉ

Challenge

Ⅰ. 発音しましょう。

激音 ① 초보 [初歩]　② 고추 (唐辛子)　③ 카드 (カード)

④ 토끼 (ウサギ)　⑤ 토마토 (トマト)　⑥ 코스모스 (コスモス)

⑦ 파도 (波)　⑧ 커피 (コーヒー)　⑨ 후보 [候補]　⑩ 허리 (腰)

⑪ 보리차 (麦茶)　⑫ 쿠키 (クッキー)　⑬ 터치 (タッチ)　⑭ 포부 [抱負]

濃音 ① 또 (再び)　② 가짜 (にせ物)　③ 떠나다 (発つ)　④ 뿌리 (根)

⑤ 오빠 (兄さん)　⑥ 까치 (カササギ)　⑦ 자꾸 (しょっちゅう)　⑧ 쓰다 (書く)

Ⅱ. 平音、激音、濃音のちがいに気をつけて発音しましょう。 3-3

① 비 (雨)　피 (血)　② 지다 (負ける)　치다 (打つ)

③ 타다 (乗る)　따다 (取る)　④ 사다 (買う)　싸다 (安い)

⑤ 자다 (寝る)　차다 (冷たい)　짜다 (塩辛い)

Advice

激音と濃音は自分では発音しているつもりでも、正確に伝わらないことがあります。例えば「お茶(cha)」が「おじゃ(ja)」と聞こえるようです。初級段階では激音と濃音は少し意識して発音しましょう。

Ⅲ. 音声を聞いて、a , bのなかで正しいものを選びましょう。 3-4

① a. 꼬　b. 코　② a. 처　b. 쩌　③ a. 사다　b. 싸다

④ a. 프리　b. 뿌리　⑤ a. 또　b. 터

Ⅳ. 聞き取り練習　音声を聞いて書いてみましょう。 3-5

① ＿＿＿＿＿＿　② ＿＿＿＿＿＿　③ ＿＿＿＿＿＿

④ ＿＿＿＿＿＿　⑤ ＿＿＿＿＿＿　⑥ ＿＿＿＿＿＿

Challenge

基本母音10個と激音・濃音を組みわせて書きましょう。

ハングルは記号ではありません。正しい書き順で練習しましょう。

母音 / 子音	ㅏ	ㅑ	ㅓ	ㅕ	ㅗ	ㅛ	ㅜ	ㅠ	ㅡ	ㅣ
ㅊ										
ㅋ										
ㅌ										
ㅍ										
ㅎ										
ㄲ										
ㄸ										
ㅃ										
ㅆ										
ㅉ										

Column 韓国の国花　無窮花

韓国の国花はムクゲ(学名Hibiscus syriacus)です。日本では木槿と書きますが、韓国では무궁화［無窮花］と表記されます。韓国の国章は無窮花を図案化して中央に太極旗をあしらったもので、公文書などに紋章として使われます。なぜ無窮花の花なのでしょうか。

「無窮花は7月初旬から10月下旬まで毎日花を咲かせ、普通1本に2～3千房余りが咲いて、移植しても挿し木としてもよく育ちます。無窮花がもつ根気と生命力は韓民族の歴史中の苦難と逆境の時に乗り越えてきた強靭な精神力と国家の発展と繁栄、そして不滅を象徴しているといえます」(駐日韓国大使館 韓国文化院ホームページより)

韓国の国歌である愛国歌(애국가)には“無窮花三千里華麗江山”という歌詞の一節があります。また列車名 무궁화호(無窮花号)として親しまれています。

日本では春の花と言えば桜(벚꽃)が愛されます。韓国でも春を迎えると各地で桜が開花します。桜の名所といえば慶尚南道の鎮海(경상남도 진해)が有名で、30万本を超える桜が華麗に咲きます。海軍士官学校など市内各所で鎮海軍港祭が開かれ、国内外から多くの観光客が訪れます。軍港祭は16世紀に水軍を率いて日本の侵略から祖国を救った英雄とされる李舜臣(이순신)将軍を追慕する思いから始められました。

花見は韓国語で 꽃놀이, 벚꽃놀이などといわれますが、日本のように桜の樹の下で飲食する宴席の習慣はほとんど見られません。春には桜のほかに 개나리(レンギョウ)や진달래(カラムラサキツツジ)、목련(木蓮)などが色鮮やかに咲きます。

全州大学のキャンパス　桜が美しく咲きます

無窮花

WEB　駐日韓国大使館 韓国文化院 (Korean Cultural Center)
https://www.koreanculture.jp/korean _ info.php
韓国の国歌や国旗、気候、自然など基本情報を紹介しています。

第4課　複合母音、仮名のハングル表記

1. 複合母音（二重母音）

4-1

複合母音とは、基本母音を2つまたは3つ組み合わせた母音です。

母音の数が多くて複雑に感じますが、「聞き分けられなくても、文字を見てその仕組みが理解でき発音できれば大丈夫」と考えて練習しましょう。

No	母音	書き順	母音の仕組み	ローマ字表記	発音
1	ㅐ	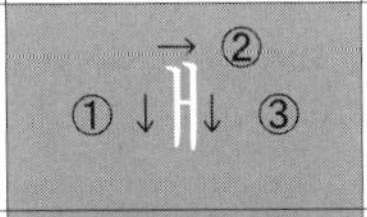	ㅏ＋ㅣ	ae	エ　口を少し横に広げる
2	ㅔ	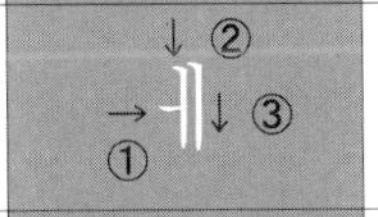	ㅓ＋ㅣ	e	日本語の「エ」と同じ音
3	ㅒ	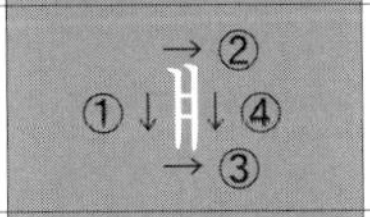	ㅑ＋ㅣ	yae	イェ
4	ㅖ	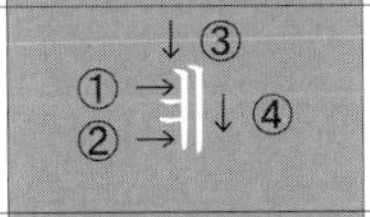	ㅕ＋ㅣ	ye	イェ
5	ㅘ	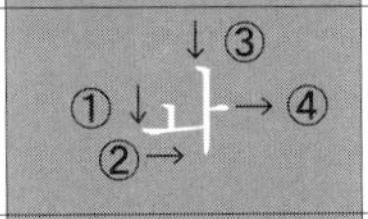	ㅗ＋ㅏ	wa	ワ
6	ㅙ	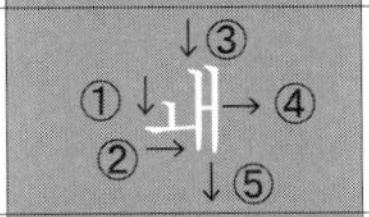	ㅗ＋ㅐ	wae	ウェ
7	ㅝ	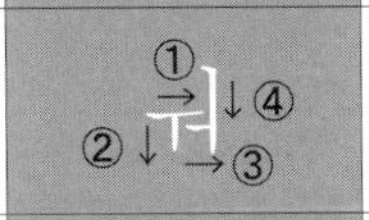	ㅜ＋ㅓ	wo	ウォ
8	ㅟ	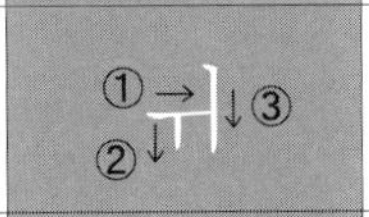	ㅜ＋ㅣ	wi	ウィ
9	ㅞ	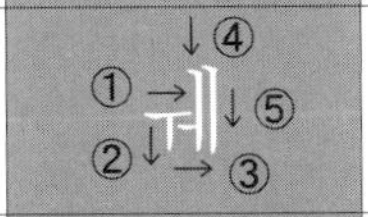	ㅜ＋ㅔ	we	ウェ
10	ㅚ	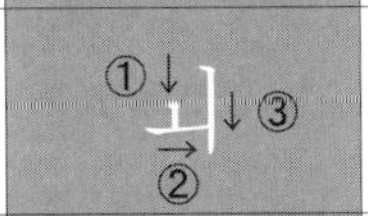	ㅗ＋ㅣ	oe	ウェ
11	ㅢ	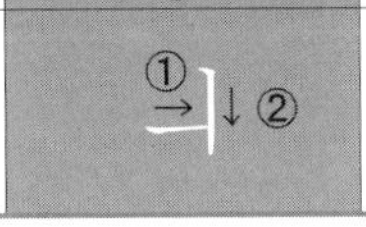	ㅡ＋ㅣ	ui	ウイ

複合母音の発音のコツ

・ㅒ と ㅖ はほとんど区別なく、「イェ」と発音すればよい。
・若い世代では ㅐ と ㅔ がほとんど区別されていない。
・ㅘ から ㅞ までは母音を組み合わせて発音する。
・ㅚ は口をすぼめて前に出し、「ウェ」と発音する。
・ㅢ は口を横に引いて、「ウイ」とすばやく発音する。

発音して書きましょう。 4-2

Advice 単語の母音の部分に、色づけ・上書きすると読みやすくなります。

ㅅ 子音 S ＋ ㅘ 母音 wa → 솨 swa

① 개 (犬)____　② 얘기 (話)____　③ 가게 (店)____
④ 시계 [時計]____　⑤ 교과서 [教科書]____　⑥ 해외 [海外]____
⑦ 뭐 (何)____　⑧ 돼지 (豚)____　⑨ 위 (上)____
⑩ 의자 [椅子]____　⑪ 과자 [菓子]____　⑫ 회사 [会社]____

____

2. 仮名(かな)のハングル表記

日本語表記の名前や地名などを書けるようにしましょう。

書き方のポイント

①「え段」は ㅔ で書く　ㅐ は使わない
②「か、た、きゃ、ちゃ」などは
単語の語頭 (一番前) では ㄱ ㄷ　語中では ㅋ ㅌ
③「う段」は ㅜ で書く　「す、つ、ず、づ」は ㅡ で書く
④「つ」は 쓰 で書く (츠 も可)
⑤「ん」「っ」は、前の文字の下に パッチムとして ㄴ ㅅ をつける ※5課参照
⑥ 長音(長くのばす音)は表記しない

例

① 愛媛	Ehime	에히메	瀬戸	Seto	세토
② 田中	Tanaka	다나카	長野	Nagano	나가노
③ 梅田	Umeda	우메다	出雲	Izumo	이즈모
④ 松山	Matsuyama	마쓰야마	つくば	Tsukuba	쓰쿠바
⑤ 本田	Honda	혼다	札幌	Sapporo	삿포로
⑥ 佐藤	Sato	사토	京都	Kyoto	교토

Advice　英字表記を参考にするとスムースに書けます。

リョウコ　Ryoko　료코　　　東京　Tokyo　도쿄

Challenge

Ⅰ. 自分と友人の名前・出身地をハングルで書きましょう。

Ⅱ. 日本の人名や地名　　発音してカタカナで書きましょう。

① 이치로　② 쓰바사　③ 스도 히데키　④ 사카모토 료마

⑤ 요코하마　⑥ 하코네　⑦ 규슈　⑧ 하라주쿠　⑨ 아키하바라

⑩ 오키나와　⑪ 신칸센　⑫ 후지산　⑬ 홋카이도　⑭ 롯폰기

Ⅲ. ハングルで表記しましょう。

① 近藤　② 和田　③ 松本　④ 豊田　⑤ 兵庫　⑥ 四日市

⑦ 羽田　⑧ 関西　⑨ 大阪　⑩ 新宿　⑪ ゾウジョウジ

カナ50音表　ハングル表記

あ 아	い 이	う 우	え 에	お 오
か 가/카	き 기/키	く 구/쿠	け 게/케	こ 고/코
が 가	ぎ 기	ぐ 구	げ 게	ご 고
さ 사	し 시	す 스	せ 세	そ 소
ざ 자	じ 지	ず 즈	ぜ 제	ぞ 조
た 다/타	ち 지/치	つ 쓰	て 데/테	と 도/토
だ 다	ぢ 지	づ 즈	で 데	ど 도
な 나	に 니	ぬ 누	ね 네	の 노
は 하	ひ 히	ふ 후	へ 헤	ほ 호
ば 바	び 비	ぶ 부	べ 베	ぼ 보
ぱ 파	ぴ 피	ぷ 푸	ぺ 페	ぽ 포
ま 마	み 미	む 무	め 메	も 모
や 야		ゆ 유		よ 요
ら 라	り 리	る 루	れ 레	ろ 로
わ 와		ん ㄴ		っ ㅅ
きゃ 갸/캬		きゅ 규/큐		きょ 교/쿄
しゃ 샤		しゅ 슈		しょ 쇼
じゃ 자		じゅ 주		じょ 조
ちゃ 자/차		ちゅ 주/추		ちょ 조/초
にゃ 냐		にゅ 뉴		にょ 뇨
ひゃ 햐		ひゅ 휴		ひょ 효
びゃ 뱌		びゅ 뷰		びょ 뵤
ぴゃ 퍄		ぴゅ 퓨		ぴょ 표
みゃ 먀		みゅ 뮤		みょ 묘
りゃ 랴		りゅ 류		りょ 료

Challenge 複合母音　正しい書き順で練習しましょう。

	ㅐ	ㅔ	ㅒ	ㅖ	ㅘ	ㅙ	ㅝ	ㅟ	ㅞ	ㅚ	ㅢ
ㄱ											
ㄴ											
ㄷ											
ㄹ											
ㅁ											
ㅂ											
ㅅ											
ㅇ											
ㅈ											
ㅊ											
ㅋ											
ㅌ											
ㅍ											
ㅎ											

Column 金閣寺と銀閣寺

京都の代表的な観光地である金閣寺。韓国人の旅行者にも人気があります。

この課で学んだ日本語の仮名のハングル表記で金閣寺(Kinkakuji)を書くと、긴카쿠지となります。

ところが、京都のもう一つの観光地である銀閣寺(Ginkakuji)も 긴카쿠지となり、2つが全く同じ表記になってしまいます。

韓国語では、語頭の「き」を「기」、語頭の濁音「ぎ」も「기」と表記するからです。これでは2つの名刹は区別できなくなり旅行者も困惑します。

このために本来のハングル表記の方法には反しますが、金閣寺を 킨카쿠지 と語頭を激音で表記することもあります。あるいは漢字をそのまま韓国語で発音して、金閣寺を 금각사 銀閣寺を 은각사 と区別しています。京都観光Naviでは金閣寺を 킨카쿠지 (금각사) と併記しています。

ネットでは京都(교토) 大阪(오사카)を 쿄토, 오오사카 と表記するものが見られます。発音すれば通じるでしょうが、韓国の国立国語院(국립국어원)により定められた外来語表記法(第4課で学んだ表記法)で書きましょう。

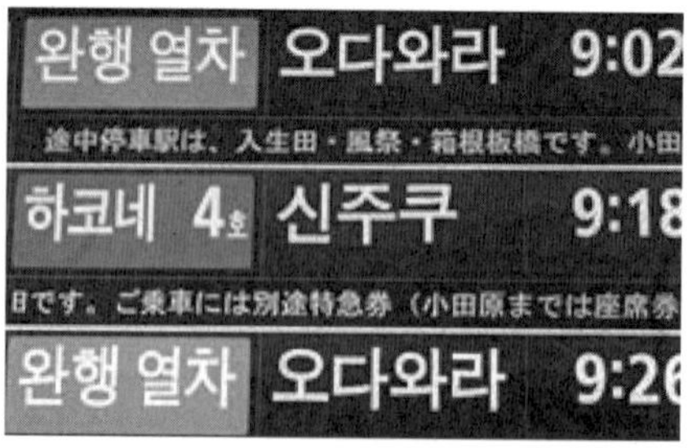

駅の行先表示

各地の観光案内

WEB 京都観光Navi　京都市観光協会
韓国語ページ　https://kyoto.travel/ko/

第5課　パッチム、連音化

1. パッチム（終声子音）

ハングルは 子音＋母音 を一つずつ組み合わせますが、 子音＋母音＋子音 の組み合わせもあります。3番目(音節末)の子音を「パッチム 받침」とよびます。パッチムとは韓国語で「支え」という意味で、終声子音ともいいます。パッチムは 子音＋母音 の組み合わせの下に書きます。

KAM　＝　ㄱ ＋ ㅏ ＋ ㅁ　　　　SON　＝　ㅅ ＋ ㅗ ＋ ㄴ

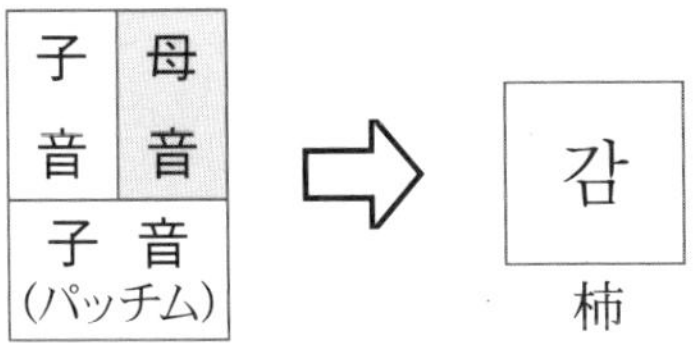

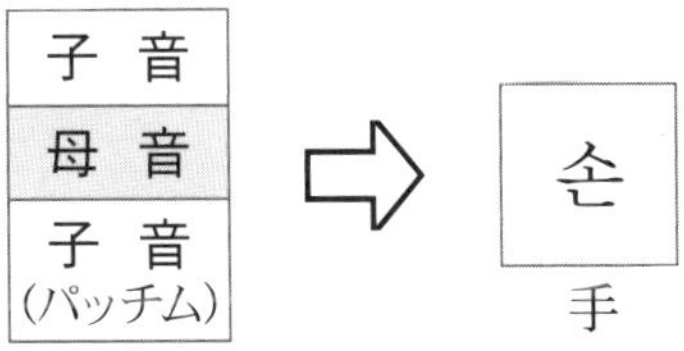

パッチムの発音

これまで学習した子音 19 個のうち、ㄸ.ㅃ.ㅉ を除く16 文字がパッチムとして用いられます。パッチムが文章の末にくるとき、発音は表のように7つしかありません。

	パッチム	発音	単語の例と発音
1	ㅇ	[ㅇ (ŋ)] 口を開けたまま舌をどこにもつけずに　–ng	방 [pang] 部屋
2	ㄴ	[ㄴ (n)] 舌を上の歯の裏にあてたまま　–n	눈 [nun] 目/雪
3	ㅁ	[ㅁ (m)] 口を閉じたまま　–m	몸 [mom] 体
4	ㄹ	[ㄹ (l)] 舌の先を上の歯の裏にあてる　–l	달 [tal] 月
5	ㄱ ㅋ ㄲ	[ㄱ (k)] 喉の奥を閉め,息を出さない　–k	박 [pak] 朴(苗字)　ひょうたん 밖 [pak] 外
6	ㄷ ㅌ ㅅ ㅆ ㅈ ㅊ ㅎ	[ㄷ (t)] 舌を上の歯の裏にあてたまま　–t	밑 [mit] 下 및 [mit] 及び
7	ㅂ ㅍ	[ㅂ (p)] 口を閉じたまま　–p	입 [ip] 口　　잎 [ip] 葉

発音してみましょう。 5-1

삭 (sak)　　산(san)　　살(sal)　　삼(sam)　　삽(sap)　　상(sang)　　삳(sat)

2文字のパッチム

パッチムの中には、異なる2つの子音でできたものがあります。パッチムの後に子音がくる場合、またそのパッチムの文字で終わる場合は、2文字のうち片方の1文字を発音します。

基本ルールは2文字のうち、子音の ㄱㄴㄷ… の順番の早い方を発音しますが、例外があるので気をつけましょう。

ㄳ　　ㄵ　　ㄶ　　ㄺ　　ㄼ　　ㄽ　　ㄾ　　ㅀ　　ㅄ

→ ㄺ をのぞき、左側を発音(順番の早い方)

例 여덟【여덜】8つ　　　【　】の中は実際の発音

ㄻ　　ㄿ　→(順番の遅い) 右側を発音

例 읊다【읖다】(詩を)詠む

2. 連音化

パッチムの次に「ㅇ」が続く場合、パッチムと母音が1つになり(連なり)そのパッチム本来の発音をします。

例 음악　eum ＋ ak →【으막】音楽

일본어　il ＋ bon ＋ eo →【일보너】日本語

박이　pak ＋ i →【바기】(ひょうたんが)

밖이　pakk ＋ i →【바끼】(外が)

ただし、前のパッチムが「ㅇ」の場合は連音しません。

例 영어 yeong ＋ eo → 영어 ［英語］　영거(×)

2文字のパッチムの後に「ㅇ」がくるときは、上記の発音のルールに関係なく左のパッチムを先に発音します。右のパッチムは後ろの母音と1つになります。

例 닭 →【닥】(鶏)　　닭이 tal k ＋ i →【달기】(鶏が)

Challenge

Ⅰ. 発音しましょう。 5-2

① 가족 [家族]　② 기분 [気分]　③ 손님 (客)　④ 받다 (もらう)

⑤ 남편 (夫)　⑥ 집 (家)　⑦ 벗다 (ぬぐ)　⑧ 강 (川)

⑨ 낮 (昼)　⑩ 꽃 (花)　⑪ 옆 (横)　⑫ 부엌 (台所)　⑬ 끝 (終わり)

⑭ 단어 [単語]　⑮ 속옷(下着)　⑯ 할아버지(祖父)

⑰ 한국어 [韓国語]　⑱ 일본어 [日本語]　⑲ 고양이 (猫)

Ⅱ. 音声を聞いて、正しい方を選びましょう。 5-3

① a. 상　b. 산　② a. 박　b. 밥　③ a. 달　b. 담

④ a. 일산　b. 일삼　⑤ a. 송생　b. 선생

Ⅲ. 次の問いについて、正しい答えを選びましょう。

① 連音化が起こるとき、パッチムの次にくる文字はどれですか。

a. ㅁ　b. ㅇ　c. ㄴ　d. ㄱ

② 음악 [音楽] の正しい発音はどれですか。

a. 으악　b. 으막　c. 으마　d. 음아

③ 닭이の正しい発音はどれですか。

a. 다기　b. 달이　c. 달기　d. 다리

Column 街でハングルをさがそう

「エㇽレ ベイ トォ?」「なんだ、この字はエレベーターだよ！」

ソウルの街角でガイドブックを片手にハングルの看板を見ながら、謎めいた文字を解くように楽しそうに会話する日本人の旅行者を見かけることがあります。韓国語を少し勉強したようで、微笑ましい光景に思わずエールを送りたくなります。

韓国語は文字と発音の基礎さえ学べば(文法や文型がわからない段階でも)発音できるおもしろさを実感できます。台湾や香港の街をぶらり歩くと、漢字から意味は想像できますが、発音できる楽しさはなかなか味わえないでしょう。

日本の街にはハングルによる案内があり、駅やパンフレットなどで目にするでしょう。また地方自治体や企業などのサイトには韓国語ページも見られます。本来は韓国人向けでしょうが、文字と発音の現場学習になります。まずみなさんの大学のサイトで韓国語ページを開いてみましょう。

ソウルの街で 사우나(サウナ)、슈퍼마켓(スーパーマーケット)などの看板を発音すると日本語が浮かびます。外来語のハングル表記について紹介します。

ア → ㅐ:タクシー 택시	ハム 햄	ジャズ 재즈
エ → ㅔ:ホテル 호텔	テニス 테니스	デスク 데스크
アー(長音)→ ㅓ:コンピューター 컴퓨터		ターミナル 터미날
エレベーター 엘리베이터		ハンバーガー 햄버거
エー(長音)→ ㅔ이:テープ 테이프		ケーブル 케이블
スケート 스케이트		ステーキ 스테이크
ング → ㅇ(パッチム) :モーニング 모닝		ミーテイング 미팅
ファ、フェ → ㅍ:ファイル 파일	カフェ 카페	
語中のル → ㄹ(パッチム):ボール 볼	ミルク 밀크	
L+母音 → ㄹㄹ:サラダ 샐러드	オリンピック 올림픽	

WEB 韓国語ページがあるサイトを少し紹介します

東京ディズニーランド https://www.tokyodisneyresort.jp/tdl/

ユニバーサル・スタジオ・ジャパンUSJ https://www.usj.co.jp/kr/

ＪＲ東海 https://global.jr-central.co.jp/ko/

北海道庁 http://www.pref.hokkaido.lg.jp/

第6課　発音の変化、分かち書き

1. 発音の変化

第5課で連音化を学びました。ハングルには他にも発音の変化があります。書かれた文字とは異なる発音になるので、複雑に感じるでしょう。はじめから「ルールありき」ではなく、元の文字の発音では「喉に力が入り発音しにくい」「音が聞き取りにくい」などの理由から、滑らかに発音できるように変化したと理解しましょう。発音の変化をいくつかのパターンで整理しましょう。

有声音化

6-1

子音「ㄱ　ㄷ　ㅂ　ㅈ」は、語頭では濁らない音、語中では濁った音になります。これらの子音は、パッチム「ㄴ　ㄹ　ㅁ　ㅇ」の次でも濁音になります。

가구【ka gu】［家具］
구두【ku du】靴
일본【il bon】［日本］
자주【cha ju】しばしば
아버지【a beo ji】父
언제【eon je】いつ

Advice　パッチム「ㄴ《ナ》　ㄹ《ル》　ㅁ《マ》　ㅇ《イ》」の次も「ㄱ《カ》　ㄷ《タ》　ㅂ《ブ》　ㅈ《ッ》」は濁ると覚えよう。

濃音化

6-2

「ㄱ　ㄷ　ㅂ　ㅈ」は、語中にある時は濁音で発音しますが、前の単語のパッチムが「ㄱ　ㄷ　ㅂ」の発音の時は、濃音で発音します。

학교【학꾜】学校
듣다【듣따】聞く
학부【학뿌】学部
숙제【숙쩨】［宿題］
집세【집쎄】家賃

Advice　あまり複雑に考えず、子音どうしが隣にくると発音が強い濃音になると考えよう。

激音化

6-3

「ㄱ　ㄷ　ㅂ　ㅈ」のパッチムに、「ㅎ」が続くと、それぞれ
「ㄱ → ㅋ」　「ㄷ → ㅌ」　「ㅂ → ㅍ」　「ㅈ → ㅊ」になります。
逆に「ㅎ」のパッチムに「ㄱ　ㄷ　ㅂ　ㅈ」が続くときも同様に変化します。

입학 【이팍】［入学］　　백화점 【배콰점】［百貨店］

부탁합니다 【부탁캄니다】 お願いします

ㅎ の弱化

6-4

「ㄴ　ㄹ　ㅁ」パッチムの次に「ㅎ」がくると、発音が弱くなりほとんど母音のようになります。

은행 【으냉】［銀行］　　올해 【오래】 今年

Advice　「ㅎ」の音は曲者! 激音がある平音(ㄱ ㄷ ㅂ ㅈ)の隣では、平音が激音になるが、パッチム「ㄴ　ㄹ　ㅁ」の後では音が消えてしまう。

鼻音化

6-5

「ㄱ　ㄷ　ㅂ」の発音のパッチムに、「ㄴ」または「ㅁ」が続くと、それぞれ「ㄱ → ㅇ」「ㄷ → ㄴ」「ㅂ → ㅁ」になります。

식물 【싱물】［植物］　　입니다 【임니다】 ～です

못 먹다 【몬 먹따】 食べられない

この他にも発音の変化がありますが、その単語が出てきたときに学びましょう。

2. 分かち書き (띄어쓰기)

ハングルの文章は、英語の書き方と同じように「分かち書き」をします。
「分かち書き」とは、文節と文節の間に、半角くらいのスペースを空けて書くことです。

Point

> ハングルの文章は「分かち書き」
> 助詞と終止形は、直前の単語につける
> 句読点は日本語と異なるので注意する

▶ 助詞(は、が、を、も…)と終止形は、直前の単語につけます。
句点「。」読点「、」は使わず、ピリオド「. 」カンマ「, 」を使用、 疑問文には「?」をつけます。

分かち書きをしなければ、読みづらくなります。

저는스도히데키입니다. → 저는 스도 히데키입니다.
私は　須藤　秀樹です。

취미는운동하고음악이에요? →
취미는 운동하고 음악이에요?
趣味は　運動と　音楽ですか。

良くない例（日本語の表記も正しくありません）

저 도 도서관 에서 공부 해요.
私 も 図書館 で 勉強 します。

修正 → 저도 도서관에서 공부해요.
私も　図書館で　勉強します。

3. 韓日辞書の引き方

韓日辞書の引き方を学びましょう。

✎ 辞書を引く方法
辞書の配列は、ハングルの字母の順
初声 → 中声 → 終声でさがす

▶ 韓国語の辞書の配列は、基本的にハングルの字母の順です。

① はじめに初声（子音）をさがす　ㄱ ㄴ ㄷ ㄹ の順、濃音は各々の間に

ㄱ ㄲ ㄴ ㄷ ㄸ ㄹ ㅁ ㅂ ㅃ ㅅ ㅆ ㅇ ㅈ ㅉ ㅊ ㅋ ㅌ ㅍ ㅎ

② 次に中声（母音）をさがす　ㅏ ㅑ ㅓ ㅕ の順、複合母音は各々の間

ㅏ ㅐ ㅑ ㅒ ㅓ ㅔ ㅕ ㅖ ㅗ ㅘ ㅙ ㅚ

ㅛ ㅜ ㅝ ㅞ ㅟ ㅠ ㅡ ㅢ ㅣ

③ 最後に終声をさがす（パッチムがある場合）

ㄱ ㄲ ㄳ ㄴ ㄵ ㄶ ㄷ ㄹ ㄺ ㄻ ㄼ ㄽ ㄾ ㄿ ㅀ ㅁ ㅂ

ㅄ ㅅ ㅆ ㅇ ㅈ ㅊ ㅋ ㅌ ㅍ ㅎ

覚えなくても次第に慣れます。

例えば「한국」を調べる場合は、

3つ（初声→中声→終声）を一つずつ順にさがします。

ㅎ → ㅏ → ㄴ　ㄱ → ㅜ → ㄱ

「한국　韓国」が見つかります。図書館などで「일본」を引いてみましょう。

外国語を継続して学習していくためには辞書が必要になります。学習を進めながら 自分にあった辞書を購入されたらいかがでしょうか。

Challenge

これまで文字と発音を学びました。 ここでクイズです！ 正解を選びましょう。

Ⅰ. ハングルの基本母音はいくつありますか。

① 6個　② 8個　③ 10個　④ 12個

Ⅱ. 口を横に引いて発音するのはどれですか。

① 우　② 요　③ 으　④ 어

Ⅲ. 子音ㅅの発音はどれですか。

① サ行　② タ行　③ ハ行　④ チャ行

Ⅳ. 子音ㅂの2文字目以降(語中)の発音はどれですか。

① g　② d　③ b　④ p

Ⅴ. ハングルの子音の順で正しいものはどれですか。

① 가 나 다 마 라 바 사 아 자 차 카 타 파 하

② 가 나 다 라 바 사 마 아 자 차 카 파 타 하

③ 가 나 다 라 마 바 사 아 자 차 카 타 파 하

④ 가 카 나 다 타 라 마 바 파 사 아 하 자 차

Ⅵ. 激音の発音の方法で正しいものはどれですか。

① 濁音　② のどの奥を緊張させる　③ 強く発音し息を外に出す

Ⅶ. 激音の発音ではないものはどれですか。

① 카　② 바　③ 하　④ 차

Ⅷ. 「ㄷ」のパッチムとちがうグループの発音はどれですか。

① ㅎ　② ㅁ　③ ㅆ　④ ㅊ

Ⅸ. 連音化しない単語はどれですか。

① 음악　② 연어　③ 고양이　④ 국어

Ⅹ. 六本木(ろっぽんぎ)の正しいハングル表記はどれですか。

① 론뽕끼　② 론폭이　③ 롯폰기　④ 러펀키

Column 신촌 と 신천

「日本人には韓国語は学びやすい」とよく聞きます。しかし、実際に授業が始まると、「思ったよりも文字と発音が複雑でむずかしい」という声を耳にします。その理由の1つは日本語にない発音があるからでしょうか。例えば「ㅓ」「ㅗ」は、どちらも「オ」に聞こえて、なかなか聞き取れないものです。

私は20代後半でソウルに渡り韓国語を勉強しました。複合母音や濃音、激音、パッチム、さらには発音の変化…、その複雑さに戸惑いました。延世大学に通っていたのですが、ある日、授業に遅刻しそうになりタクシーに乗ったのです。キャンパスはソウルの西北方向の「新村」にあるので、「シンチョン」と運転手にいいました。でも、しばらくすると車はソウルを流れる川（한강）の橋を渡って南に向って走って行くのです。

私はおかしいと思って、「シンチョンですよ！」と運転手に抗議しました。しかし、彼は「シンチョンだろう？」と言うのです。「延世大学に行きたいんだけど」というと、やっと理解してもらえたのか、「おまえの発音が良く聞こえないよ。てっきりシンチョンだと思ったよ。もっと正確に勉強しなきゃダメだよ」と笑われたのです。もちろん授業には遅刻してタクシー代も2倍以上かかり、高い授業料になりました。今では懐かしい思い出です。

後日、ソウルの地図を見ると、地下鉄2号線に何と「신촌 新村と 신천 新川」という駅があることがわかったのです。漢字は1文字ちがいで、発音はカタカナで書いたらどちらも「シンチョン」になってしまいます。その日から「ㅓ」「ㅗ」の発音は、少し力を込めて正確に発音するように心がけました。「すごいなあ。韓国人は正確に聞き分けられるんだ」と感心したことを昨日のように思い返します。

2016年12月、新川(신천)駅は「蚕室セネ 잠실새내」駅に改称されました。やはり2つの駅の発音が似ていて紛らわしいことも理由になったようです。

서울교통공사
Seoul Metro

WEB ソウルメトロ(ソウル交通公社)　　日本語ページ
路線図や運賃、時刻表、乗り方、テーマ旅行などを紹介
https://www.konest.com/contents/area_subway_pdf.html

会話編

第7課　お会いできてうれしいです

7-1

사키　안녕하세요? 미우라 사키입니다.

지훈　저는 유지훈이라고 합니다.

만나서 반갑습니다.

사키　저야말로 잘 부탁합니다.

지훈 씨는 경제학부 학생입니까?

지훈　아니요, 국제경영학부입니다.

사키 씨는 문학부입니까?

사키　네, 전공은 언어학입니다.

沙希：こんにちは。三浦沙希(みうら　さき)です。

智勲：私は柳智勲と申します。お会いできてうれしいです。

沙希：私こそよろしくお願いします。智勲さんは経済学部の学生ですか。

智勲：いいえ、国際経営学部です。沙希さんは文学部ですか。

沙希：はい、専攻は言語学です。

単語 단어　[　]は漢字語

7-2

저 私(わたくし)		대학 [大学]	
학교 [学校]		학생 [学生]	
선생님 [先生–]		회사원 [会社員]	
한국 [韓国]		일본 [日本]	
사람 人		친구 [親舊] 友だち	
한국어 [韓国語]		일본어 [日本語]	
영어 [英語]		외국어 [外国語]	
학부 [学部]		전공 [専攻]	
교육 [教育]		문학 [文学]	
경영 [経営]		경제 [経済]	
교과서 [教科書]		씨 ~さん	

Advice 韓国人の名前をよぶ時は、金さん(김 씨)ではなく、フルネーム(例えば柳智勲さん 유지훈 씨)でよびます。親しくなったら名前で(例えば智勲さん 지훈 씨)とよびましょう。

発音 발음

7-3

입니다 → 임니다　　합니다 → 함니다　鼻音化(第6課を参照)

반갑습니다 → 반갑씀니다　　감사합니다 → 감사함니다

부탁합니다 → 부타캄니다　激音化

국제 → 국쩨　濃音化　　문학 → 무낙　ㅎ の弱化

언어학 → 어너학　連音化

文法・文型

1. -는 / 은　-입니다　～は　～です

フォーマルな丁寧語　(かしこまった丁寧な表現)　입니다　～です

目上の人に、多くの人の前で、職場、面接などかしこまった席で、ニュース番組などあらたまった場面で使う表現

는 / 은　～は　※直前の単語の末につける

パッチムがないとき　는　　パッチムがあるとき　은

취미는 독서입니다.	趣味は読書です。
고향은 나고야입니다.	故郷は名古屋です。

2. -입니까?　～ですか

야마다 씨는 학교 친구입니까?	山田さんは学校の友だちですか。
최민우 씨는 한국 사람입니까?	崔敏雨さんは韓国の人ですか。

3. 네 / 아니요　はい (Yes) / いいえ (No)

외국어학과입니까?	外国語学科ですか。
네, 전공은 일본어입니다.	はい、専攻は日本語です。
회사원입니까?	会社員ですか。
아니요, 저는 대학생입니다.	いいえ、私は大学生です。

Advice　助詞「의」を省略　名詞と名詞の間の「～の 의」はほとんど省略される。

학교 친구　学校の友だち　　한국 노래　韓国の歌

すぐに使える表現・あいさつ

안녕하세요?	お元気ですか。こんにちは。(一般的なあいさつ)
-(이)라고 합니다	～と申します、言います。
(만나서) 반갑습니다.	(お会いできて)うれしいです。
저야말로 잘 부탁합니다.	私こそよろしくお願いします。
감사합니다.	ありがとうございます。感謝します。

Challenge

置き換え練習

＿＿部分を置き換えて練習しましょう。 7-4

① 저는 학생입니다.

［ 일본 사람　　교육학부 학생　　회사원　　미우라 사키 ］

② 김현수 씨는 유학생입니다.

［ 학교 친구　　한국 사람　　대학생　　선생님 ］

③ 취미는 운동입니다.

［ 여행　　음악　　독서　　영화감상 ］

④ 한국 사람입니까?　　네, 한국 사람입니다.

［ 학교 친구　　한국어 교과서　　영어 신문　　일본 잡지 ］

聞き取り練習

7-5

Ⅰ. 音声を聞いて、単語を書きましょう。

① ＿＿＿＿＿＿　② ＿＿＿＿＿＿　③ ＿＿＿＿＿＿

④ ＿＿＿＿＿＿　⑤ ＿＿＿＿＿＿

Ⅱ. 音声を聞いて、(　　　)に文字を書きましょう。 7-6

① (　　　　　　　　) ? 저는 다나카 (　　　　　　)입니다.

② (　　　　　) 반갑습니다. 김유진입니다.

③ 김유진 (　　)는 (　　　　)입니까?

④ 네, 저는 (　　　　　　　　)입니다.

書く練習・作文

Ⅰ. 次の文を日本語に訳しましょう。

김민지 씨는 한국 유학생입니다. 서클 친구입니다.

전공은 일본어입니다. 고향은 서울입니다.

취미는 요리입니다.

서클：サークル

Ⅱ. 韓国語で書いてみましょう。

① 井上さんは会社員です。

② 李明秀 (이명수) さんは故郷の友だちです。

③ ジョンソン (존슨) さんは英語の先生です。

④ 王志明 (왕지밍) さんは中国人です。

Ⅲ. 次の文を参考に、韓国語で自己紹介の文を書きましょう。

こんにちは。私は＿＿＿＿＿です。＿＿＿＿＿＿大学の学生です。

専攻は＿＿＿＿＿です。故郷(出身地)は＿＿＿＿＿です。

趣味は＿＿＿＿＿＿です。よろしくお願いします。

Column　漢字語を活用しよう

韓国語には漢字から由来する「漢字語」とよばれる言葉があり、単語の約7割が漢字語といわれます。学習を進めると漢字語が多いことに気づくでしょう。高速道路(고속도로)のように、日本語の漢字の発音と似ているものが多くあります。

「안녕하세요.(アンニョンハセヨ)」の안녕(アンニョン)は「安寧」という漢字語です。辞書には「安寧、無事でやすらかなこと」とあり、「ご無事でいらっしゃいますか」というあいさつになります。

日本語は1つの漢字に多くの読み方があります。例えば「日」という漢字は、日本(にほん)、日曜日(にちようび)と複数あります。韓国語のほとんどの漢字は発音が1つです。日本(일본)、日曜日(일요일)、一日(일일)など、「日」はすべて「일」と発音します。

漢字の発音を覚えて組み合わせていくと、面白いほど語彙が増えます。例えば会社員(회사원)という単語から、社会(사회)、会員(회원)という言葉ができます。社会に学(학)をあわせて社会学(사회학)、中国の中(중)と学生(학생)をあわせて中学生(중학생)になります。このように漢字語を活用していくと、語彙が増えていきます。

日本人の学習者には漢字語は有用ですが、言葉によっては日韓で用いる漢字が異なるという点に注意しなければいけません。ご存じのように中国語で自動車のことを「汽車」、鉄道の汽車を「火車」と言います。手紙は「信」です。同じ漢字文化圏でも異なります。

日本語の本(일본어 책)という場合、「本(ほん)」という意味の言葉は、韓国語では「冊(책)」で表します。「本(본)」の漢字ではない点に注意しましょう。1冊、2冊と数える時の「冊(さつ)」は、1巻、2巻(한 권, 두 권)と「巻(권)」で表します。

ビール2本という場合の「本(ほん)」は、1瓶、2瓶(한 병, 두 병)と「瓶(병)」で表します。「본[本]」は用いません。また手紙を「편지[便紙]」、恋人を「애인[愛人]」など、日本語の漢字でできた言葉が、そのまま韓国語の意味では通じないことがあります。複雑に考えずに、韓国語の「1本」の本は「병(瓶)」と覚えましょう。

※このテキストでは漢字語を[　　]で表します。韓国の漢字は日本の旧字体とほぼ同じです。日本人の学習者が韓国の漢字(いわゆる旧字体)を使うことはほとんどないと思われるので、このテキストでは漢字語を新字体で表記します。(一部の漢字は分かりづらいため旧漢字で表記します)

第8課　私の兄です

8-1

사키　지훈 씨, 이 분은 누구예요 ?

지훈　우리 형이에요.

　　　형, 이쪽은 사키 씨.

사키　처음 뵙겠습니다. 미우라 사키입니다.

지현　안녕하세요? 저는 유지현이에요.

사키　유지현 씨는 회사원입니까?

지현　아니요, 회사원이 아니에요. 대학원생이에요.

沙希：智勳さん、この方はだれですか。

智勳：私の兄です。　兄さん、こちらは沙希さん。

沙希：初めまして。　三浦沙希です。

智賢：こんにちは。　私は柳智賢です。

沙希：柳智賢さんは会社員ですか。

智賢：いいえ、　会社員ではありません。　大学院生です。

単語 단어　　[　　]は漢字語

8-2

이/그/저　この その あの

분　方(사람 人の尊敬語)

이쪽　こちら

가족 [家族]

형 (弟からの)兄

누나 (弟からの)姉

남자 [男子] 男性、男の人

선배 [先輩]

잡지 [雑誌]

책 [冊] 本

누구　だれ

우리　私たち、うちの

대학원 [大学院]

동생 [同生] 弟/妹

오빠 (妹からの)兄

언니 (妹からの)姉

여자 [女子] 女性、女の人

휴대폰　携帯電話

사진 [写真]

사전 [辞典]

Advice

① 兄、姉は弟・妹からよび方が異なるので注意しましょう。
弟、妹は남동생[男同生]、여동생[女同生]ともいます。
親しい先輩には、上記の「兄」「姉」で呼びかけます。

② 이 / 그 / 저　この その あの
이 사람 この人　　그 교과서 その教科書　　저 사진 あの写真
이 사람은 학부 친구예요.　この人は学部の友だちです。
저 사진은 세종대왕입니다.　あの写真は世宗大王です。

発音 발음

8-3

대학원생 → 대하권생　連音化(第5課を参照)

잡지 → 잡찌　濃音化(第6課を参照)

文法・文型

1. -예요 / 이에요　～です　　-예요 / 이에요?　～ですか

カジュアルな丁寧語　(打ち解けた丁寧な表現)　예요/이에요　～です

※直前の単語の末に、

パッチムがなければ　예요 (?)	パッチムがあれば　이에요 (?)

疑問文のときは必ず「?」を付け、語調を上げます。

여동생**이에요**? (↗)　　妹ですか。

아니요, 언니**예요**. (↘)　いいえ、姉です。

カジュアルな丁寧語とは、丁寧な表現ですが−입니다より気さくな表現です。少し目上の人に、初めて会う同年代や年下の人に使う表現です。対等あるいは目下の人に使う반말(ぞんざい、略待の表現)を使いづらい時にも用います。

第8課の会話文(本文)をよく見ましょう。

沙希と智勲はお互い同年代で、親しくなってきたので「예요/이에요」を使い、名前に−씨をつけています。一方、沙希は初めて会った兄に「입니다」、年上の兄は沙希に「예요/이에요」の文型を使っています。また、沙希は兄のフルネームに−씨をつけて呼んでいます。

2. -가/이 아니에요　～ではありません

−예요/이에요の否定の表現です。

※直前の単語末に、

パッチムがなければ　−가 아니에요	パッチムがあれば　−이 아니에요

학생**이 아니에요**?　　学生ではありませんか。

네, 학생**이 아니에요**.　　はい、学生ではありません。

오빠**가 아니에요**. 남자 친구예요. 兄ではありません。彼氏です。

フォーマルな丁寧語の表現の場合は　**−가/이 아닙니다**　～ではありません

−가/이 아닙니까?　～ではありませんか

저는 회사원이 아닙니다.　　私は会社員ではありません。

3. 家族の呼びかた

韓国の友だちと親しくなると、家族のことをたずねられることがあります。少し戸惑うかも知れませんが、相手のことをよく知りたいという思いもあります。

아버지	父	어머니	母	형 / 오빠	兄	누나 / 언니	姉
남동생	弟	여동생	妹	아들	息子	딸	娘

相手の家族をよぶとき　※身内でもこの言い方をすることがあります。

부모님	ご両親	아버님	お父さま	어머님	お母さま
아드님	息子さん	따님	娘さん		

Advice　님 ～さん、様　　職名や人名などにつき尊敬を表します。
선생님［先生－］　교수님［教授－］

助詞をおぼえよう 1

－가 / 이　～が

前の言葉の最後に　パッチムがなければ **가**　パッチムがあれば **이**

제**가** 미우라 사키예요.　私が三浦沙希です。
이쪽**이** 어머니예요.　こちらが母です。
우리 (제) 형이에요.　うちの(私の)兄です。
※「私が」は、저가 ではなく **제**가　「私の」は **제** になります。

すぐに使える表現・あいさつ

처음 뵙겠습니다.　初めまして(初めてお目にかかります)
고맙습니다.　ありがとう。　고마워요.(友だちに)
저　あの　　미안합니다.　すみません。
괜찮습니다.　大丈夫です。　안녕히 가세요.　さようなら。
(その場所に留まる人が、去っていく人に。またはお互いに違う方向へ行くときに)
안녕히 계세요.　さようなら。
(その場所から去る人が、そこに残っている人に。または電話を切るとき、手紙やメールなどの別れあいさつに)

Challenge 「付録①　単語をチャージしよう」を予習しましょう。

置き換え練習 ＿＿部分を置き換えて練習しましょう。 8-4

① 어머니예요(예요 / 이에요). 母です。

［ 컴퓨터　　대학 친구　　일본 사람　　회사원 ］

② 언니가(가 / 이) 아니에요. 姉ではありません。

［ 요코하마　　취미　　한국 사람　　대학원생 ］

③ Q：누구예요? だれですか。

A：친구예요(예요 / 이에요). 友だちです。

［ 미야모토 씨　　남자 친구　　선생님　　유학생 ］

④ Q：책입니까? 本ですか。

A：아니요, 책이(가 / 이) 아니에요. いいえ、本ではありません。

［ 시부야　　음악 잡지　　일본 신문　　한국 음악 ］

聞き取り練習

Ⅰ. 音声を聞いて、単語を書きましょう。 8-5

①（　　　）　②（　　　）　③（　　　）

④（　　　）　⑤（　　　）　⑥（　　　）

Ⅱ. 音声を聞いて、（　　）に文字を書きましょう。 8-6

① A：(　　　　) 은 누구예요?

B：(　　　) 동생 (　　　　).

A：동생은 대학생이에요?

B：대학생 (　　　　　). (　　　　) 이에요.

② A:(　　　　)은 제 선배 (　　　　).

B:(　　　　) 뵙겠습니다. 저는 사키예요.

A:이 (　　　　)는 회사원이에요.

書く練習・作文

Ⅰ. 次の文を日本語に訳しましょう。

이 사진은 우리 가족이에요. 아버지, 어머니, 형, 누나예요.

형은 고등학교 선생님이에요. 누나는 대학원생이에요.

Ⅱ. 韓国語で書いてみましょう。　※「カジュアルな表現」で書きましょう。

① 和田さんは会社員ではありません。

____

② 旅行の写真ではありません。雑誌です。

____

③ 英語の先生ではありません。韓国語です。

____

④ 故郷は北海道ではありません。九州です。

____

Ⅲ. 우리 가족(私の家族)　文例を参考に家族を紹介しましょう。

우리 가족은 아버지, 어머니, 언니, 오빠 그리고 남동생이에요.

(그리고 そして)

Ⅳ. 絵を見て、正しいものに〇をつけましょう。

例 잡지예요. 책이 아니에요.

① 핸드폰이에요. 컴퓨터가 아니에요.

② 책이에요. 사전이 아니에요.

③ 책상이에요. 의자가 아니에요.

④ 연필이에요. 볼펜이 아니에요.

Ⅴ. イラストを見て、だれか考えましょう。

Q: **이 사람은 누구입니까?**

例 A: 제 형이에요/오빠예요. (①)

A: 우리 할머니예요. (　　　)

A: 여동생이에요. (　　　)

A: 제 아버지예요. (　　　)

A: 우리 어머니예요. (　　　)

Column 礼節を大切に

第7課と第8課でそれぞれ「フォーマルな丁寧語 입니다」「カジュアルな丁寧語 예요 /이에요」の文型を学習しました。聞き慣れない言葉で戸惑ったでしょう。このテキストでは後半で動詞や形容詞を学びますが、同じように2つの丁寧な表現があります。

日本語では「お客様に名刺をさしあげる」「友だちにプレゼントをあげる」「金魚にエサをやる」と対象により使い分けます。韓国語も日本語のように豊かな敬語表現があることを理解しましょう。韓国では長幼の礼節をわきまえることが大切です。一例として、年長者に物を手渡すときは片手ではなく、もう片方を添えて渡します。

例文のように「おやすみなさい」などのあいさつも、お客さまや目上の方への丁寧な表現、友だちや年下への表現などさまざまです。

안녕히 주무셨어요?	よく眠れましたか (目上への目覚めのあいさつ)
잘 잤어?	よく眠れた？(目下への目覚めのあいさつ)
다녀오겠습니다.	行ってまいります
안녕히 다녀오세요.	気をつけて行ってらっしゃいませ
잘 다녀와.	行ってらっしゃい
안녕히 주무세요.	おやすみなさい
잘 자.	おやすみ

学生のみなさんが韓国人と出会うのは、キャンパスで同年代の留学生がほとんどであり、韓国を旅行する場合はお客さんの立場になります。韓国の友人の家族など年上の方と初対面のときは気をつけましょう。まず第7、8課で学んだ2つの丁寧な表現を身に付けましょう。

第9課　いくらですか

9-1

아저씨　어서 오세요.

사　키　저 필통이 얼마예요?

아저씨　저것은 팔천 원이에요.

사　키　이 지우개는 얼마예요?

아저씨　오백 원이에요.

사　키　그럼, 필통하고 지우개 주세요.

아저씨　고맙습니다.　또 오세요.

おじさん:いらっしゃいませ。

沙希:あのふで箱（が）はいくらですか。

おじさん:あれは8,000ウォンです。

沙希:この消しゴムはいくらですか。

おじさん:500ウォンです。

沙希:それじゃ、ふで箱と消しゴムください。

おじさん:ありがとうございます。またどうぞ。

単語 단어

9-2

[　　]は漢字語

이것 / 그것 / 저것 これ、それ、あれ

얼마 いくら	주세요 ください
필통 [筆筒] ふで箱	지우개 消しゴム
년 월 일 [年 月 日]	안경 [眼鏡]
아저씨 おじさん	아주머니 おばさん
전화 [電話]	번호 [番号]
시험 [試験]	생일 [生日] 誕生日
오늘 今日	내일 [来日] 明日

Advice

아저씨　아주머니（おじさん、おばさん）親戚でない男女を親しみをこめ呼びかける言葉。親しくない人にこの言葉で声をかけるのは失礼な場合があります。食堂、店舗などでは 저, 저기요.（あの）などと呼びかけましょう。

発音 발음

9-3

팔천 원 → 팔처눤　　　오백 원 → 오배권　連音化

助詞「의　～の」　【 에 】と発音

칠구팔의 일사육구 번이에요. → 칠구파레 일사육꾸 버니에요

몇 번이에요? → 면 뻐니에요.　連音化

文法・文型

1. 漢数字　일 이 삼「一　二　三」

韓国語には漢字から由来する漢数字と、固有語の固有数字があります。この課では漢数字を学習します。漢数字は値段、日付(年・月・日)、番号など多くの場面で使われます。

일	이	삼	사	오	육	칠	팔
一	二	三	四	五	六	七	八
구	십	백	천	만	공 / 영		
九	十	百	千	万	ゼロ[空] / [零]		

Advice

① 99を書くとき、구구との書きまちがいに注意。
99 → 九 十 九 → 구십구 と漢字を使って練習しましょう。
② 百、千、万には「一」をつけません。
1万1千8百　만 천 팔백　(×) 일만 일천 팔백

[値段]　원 ウォン　엔 円　※数字と単位は空け、数字も万単位で空ける

오백 원　500 ウォン　　삼천 원　3,000ウォン
만 오천 원　15,000 ウォン　　백이십 엔　120円

[年月日]　년 年　월 月　일 日

※ 6月、10月 にはパッチムをつけません

일월　이월　삼월　사월　오월　**유월**
칠월　팔월　구월　**시월**　십일월　십이월

오늘은 사월 이일입니다.　今日は4月2日です。
제 생일은 시월 오일이에요.　私の誕生日は10月5日です。
이천삼십팔년 문제　2038年問題

[番号]　번 [番]　번호 [番号]

이십오 번　25番　백삼십칠 호실　137号室　구 호차　9号車
공이 칠구팔(의) 일사육구 번이에요.　02 798-1469番です。

2. 疑問の表現　얼마 / 언제 / 몇　いくら、いつ、何

저 모자가 얼마예요?　あの帽子が(は)いくらですか。

생일이 언제예요?　誕生日が(は)いつですか。

Advice　日本語は「～は～ですか」とたずねるのが一般的ですが、韓国語ではたずねる内容について情報がないと、「～が」で質問するのが一般的です。

중간시험**이** 언제예요?　中間試験が(は)いつですか。

사월 중순이에요.　4月中旬です。

그럼, 기말시험**은** 언제예요?　では、期末試験はいつですか。

유월 중순이에요.　6月中旬です。

오늘**이** 몇 월 며칠이에요?　今日が(は)何月何日ですか。
【오느리 며뒬 며치리에요】

※助詞にこだわらず、自然な日本語に訳しましょう。

助詞をおぼえよう 2

－하고　～と　(会話でよく使われる)

시계**하고** 안경이에요.　時計とメガネです。

신문**하고** 잡지 주세요.　新聞と雑誌ください。

「～と」にはフォーマルな(文語体) －와 / 과 もあります。

前の言葉の最後に　パッチムがなければ **와**　パッチムがあれば **과**

우리 언니**와** 남동생입니다.　うちの姉と弟です。

빵**과** 과자 주세요.　パンとお菓子ください。

すぐに使える表現・あいさつ

어서 오세요.　いらっしゃい(ませ)。　　또 오세요.　またどうぞ。

얼마예요? / 얼마입니까?　いくらですか。

언제예요? / 언제입니까?　いつですか。

몇 번이에요? / 몇 번입니까?　何番ですか。

Challenge 「付録① 単語をチャージしよう」を予習しましょう。

置き換え練習 ＿＿部分を置き換えて練習しましょう。 9-4

① Q:이 김치가(가 / 이) 얼마예요? このキムチがいくらですか。

A:육천 원입니다. 6,000ウォンです。

[이 사진 15,000 그 잡지 8,000]

② Q:전화번호가 몇 번이에요? 電話番号が何番ですか。

A:040 698-5431이에요.

[방 867호실 좌석 29번] 방 部屋 좌석 [座席]

③ Q:생일이 언제입니까? 誕生日がいつですか。

A:8월 5일입니다.

[어머니 생일 10월 8일 한국 여행 3월 하순

한국어 시험 7월 중순]

聞き取り練習

Ⅰ. 音声の後について〈漢数字 1~20〉を発音しましょう。 9-5

Ⅱ. 音声を聞いて、( )に文字を書きましょう。 9-6

A:어서 ( ).

B:이 음악 ( )는 얼마예요?

A:( ) 입니다.

B:( ), 이 잡지 ( ) 신문 주세요.

書く練習・作文

Ⅰ. ハングルで書いて発音しましょう。　　₩ ウォン　　¥ 円

₩700	＿＿＿＿＿＿＿＿	₩18,000	＿＿＿＿＿＿＿＿
₩34,000	＿＿＿＿＿＿＿＿	¥250,000	＿＿＿＿＿＿＿＿
6月6日	＿＿＿＿＿＿＿＿	8月15日	＿＿＿＿＿＿＿＿
10月10日	＿＿＿＿＿＿＿＿	12月31日	＿＿＿＿＿＿＿＿

Ⅱ. 質問に答えましょう。

① 생일이 언제입니까?

제 생일은 ＿＿＿＿＿＿＿＿＿＿＿＿＿＿＿＿

② 이 교실은 몇 호실이에요?

＿＿＿＿＿＿＿＿＿＿＿＿＿＿＿＿ 호실이에요.

③ 내일이 24일이에요?

＿＿＿＿＿＿＿＿＿＿＿＿＿＿＿＿

Ⅲ. 韓国語で書いてみましょう。

① この韓日辞典は35,000ウォンです。　　韓日辞典　한일사전

＿＿＿＿＿＿＿＿＿＿＿＿＿＿＿＿

② 吉田さんの誕生日はいつですか。

＿＿＿＿＿＿＿＿＿＿＿＿＿＿＿＿

③ 口座番号は102345です。　　口座　계좌 [計座]

＿＿＿＿＿＿＿＿＿＿＿＿＿＿＿＿

復習　第7課～第9課

Ⅰ. 次の言葉の意味を書きましょう。

영어 교과서	(　　　　　　　　)	외국어 선생님	(　　　　　　　　)
학교 후배	(　　　　　　　　)	한국 회사	(　　　　　　　　)
어머니 사진	(　　　　　　　　)	교육 잡지	(　　　　　　　　)
친구 생일	(　　　　　　　　)	방 번호	(　　　　　　　　)

Ⅱ. 次の文には誤りが1つあります。(　　)に正しく書きましょう。

例 저는 대학생 임니다.　　(입니다)

① 마에다 씨 고향는 나가노입니다. (　　　　　　　　)

② 이 사람은 대학 친구에요.　　(　　　　　　　　)

③ 누나는 회사원가 아니에요.　　(　　　　　　　　)

④ 제 생일은 십월 육일입니다.　　(　　　　　　　　)

Ⅲ. (　　)に入る言葉を下から選びましょう。

① 여권 번호가 (　　　　) 번입니까?　　여권 [旅券]パスポート

② 우리 형 (　　　　) 동생이에요.

③ 이 잡지가 (　　　　) 예요?

④ 선생님 생일이 (　　　　) 입니까?

⑤ 저는 하시모토 (　　　　) 합니다.

> 하고 / 몇 / 라고 / 얼마 / 언제

Ⅳ. ハングルで書きましょう。　例 35 (삼십오)

87	(　　　　　　　　)	110	(　　　　　　　　)
3,600	(　　　　　　　　)	24,000ウォン	(　　　　　　　　)

Column 師匠の日

韓国の祝日(公休日 공휴일)を見ると、歴史や風習を感じることができます。

양력설	[陽暦-]	正月 1月1日	
설날	旧正月	旧暦 12月31日～1月2日	
삼일절	[三一節]	3月1日	独立運動を記念
부처님 오신 날		旧暦 4月8日	釈迦誕辰日
어린이날		5月5日	子どもの日
현충일	[顕忠日]	6月6日	国の英霊をまつる日
광복절	[光復節]	8月15日	独立記念日
추석	[秋夕]	旧暦 8月14日～8月16日	
개천절	[開天節]	10月3日	建国記念日
한글날		10月9日	ハングルの日　ハングルの創製を称える日
기독탄신일	[基督誕辰日]	12月25日	キリスト生誕日

祝日ではありませんが、次のような記念日もあります。

어버이날　5月8日　父母の日　　　스승의 날　5月15日　師匠の日

국군의 날　10月1日　国軍の日

このうち「師匠の日」は病気や退職した先生を慰労する目的でしたが、現在では学校の担任や恩師に感謝の気持ちを伝える日とされています。世界各国には「教師の日」がありますが、韓国は「師匠の日」といいます。世宗大王の教育文化の偉業をたたえて、大王の誕生日である5月15日になっています。

第10課　午後5時までです

10-1

지훈　사키 씨는 내일 수업이 몇 개예요?

사키　한국어 수업이 세 개예요.

지훈　저는 ‘이문화 이해’등 네 과목이에요.

오후 다섯시까지예요.

사키　그런데, 방학이 언제예요?

지훈　유월 이십오일부터 팔월 말까지예요.

智勲:沙希さんは明日授業が(は)何個(いくつ)ですか。

沙希:韓国語の授業が3個です。

智勲:私は‘異文化理解’など4科目です。午後5時までです。

沙希:ところで、休みが(は)いつですか。

智勲:6月25日から8月末までです。

単語 단어　　[　　]は漢字語　　10-2

수업 [授業] ________	이문화 이해 [異文化理解] ________

등 [等] など ________　　오전 [午前] ________　　오후 [午後] ________

과목 [科目] ________	방학 [放学] 学校の長期休み ________

옷 服 ________　　종이 紙 ________　　홍차 [紅茶] ________

사과 [沙果] リンゴ ________	자전거 [自転車] ________
아르바이트 アルバイト ________	지금 [只今] 今 ________
일요일 [日曜日] ________	월 화 수 [月火水] ________
목 금 토 [木金土] ________	

Advice

① 休日[휴일]は土日などの休みで、방학[放学]は学校の長期の休みのことです。봄(春) 여름(夏) などをつけることがあります。

여름 방학 夏休み　　　겨울 방학 冬休み

② 말 [末]　　주말 [週末]　　월말 [月末]　　연말 [年末]

③ 金曜日の「金」は 금 と発音します。韓国語のほとんどの漢字は発音が一つですが、「金」は姓のときは 김，金属や天体などは 금 と発音します。

금속 [金属]　　　금메달 金メダル　　　금성 [金星]

みなさんがよく目にする お茶の「茶」も2つの発音があります。

인삼차 [人参茶]　　　다도 [茶道]

発音 발음　　10-3

여덟 → 여덜　　　　숙제 → 숙쩨　濃音化(第6課参照)

▶ 2文字のパッチムの発音については第5課参照。

文法・文型

1. 固有数字　　하나 둘 셋　ひとつ　ふたつ　みっつ

漢字の由来ではない固有語の数字です。漢字からできた漢数字は1文字でしたが、固有数字は2文字のものもあります。物を数えたり、年齢、時刻(−時)などを表現します。**助数詞**(−個、−枚、−本など)とともに使われます。

하나	둘	셋	넷	다섯	여섯
ひとつ	ふたつ	みっつ	よっつ	いつつ	むっつ
일곱	여덟	아홉	열		
ななつ	やっつ	ここのつ	とお		

스물	서른	마흔	쉰	예순
二十	三十	四十	五十	六十
일흔	여든	아흔	백	
七十	八十	九十	百	

日本語にも固有数字がありますが、十(とお)までです。

韓国語には九十九まで固有数字があり、百で 백(漢数字)になります。

열하나(十一)　열둘(十二)　열셋(十三) … 열아홉(十九)

Advice

固有数字はまず 열(とお)まで物を数えながら練習しましょう。
それ以上はあまり数えることはありませんが、時刻の12まで、自分の年齢を練習しましょう。

커피 둘 주세요.　　コーヒー2つください。

사과 하나만 주세요.　りんご1つだけください。　만 だけ、ばかり

2. 固有数字と助数詞

固有数字を助数詞(枚、台、本…)とあわせて使います。

第9課の漢数字(일 이 삼…)は使わないので、注意しましょう。

▶ 助数詞と使うときは「**ひとつ**」から「**よっつ**」**までの形が変化**します。

「いつつ」から「とお」は変化しません。

※ 固有数字と助数詞の間は分かち書きをします。

하나 → **한**	둘 → **두**	셋 → **세**	넷 → **네**
하나	둘	셋	넷

한 개	**두** 개	**세** 개	**네** 개	다섯 개
1個	2個	3個	4個	5個
한 사람	**두** 사람	**세** 사람	**네** 사람	다섯 사람
1人	2人	3人	4人	5人

▶ 스물 二十 は助数詞がつく場合は 스물 → 스무に変化します。

스무 개 20個　　스물한 개 21個

助数詞はたくさんあります。よく使われるものから練習しましょう。

付録「単語をチャージしよう」を参照しましょう。

대 [台] –台　　장 [張] –枚　　권 [巻] –冊　　명 [名] –名　　벌 –着

병 [瓶] –本　　번 [番] –度　　잔 –杯　　켤레 –足　　살 –歳

종이 **한** 장　紙1枚　　옷 **두** 벌　服2着

자전거 **세** 대　自転車3台　　홍차 **네** 잔　紅茶4杯

양말 **다섯** 켤레　靴下5足　　한 번, 두 번　一度、二度

▶ 質問には 몇 を使います。

몇 권입니까?　何冊ですか。　　몇 병이에요?　何本ですか。

학생이 몇 명이에요?　学生が何名ですか。

3. 時間の表現

（固有数字） 시 [時]　　（漢数字） 분 [分]

▶「－時」は固有数字、「－分」は漢数字を使います。

시[時]は助数詞の一つと考え、1時～4時は固有数字の形が変わります。

※時間を表記するときは、固有数字と助数詞を付けてよい

1時	2時	3時	4時	5時	6時
한시	두시	세시	네시	다섯시	여섯시
7時	8時	9時	10時	11時	12時
일곱시	여덟시	아홉시	열시	열한시	열두시

1分	2分	3分	…	10分	30分	45分
일분	이분	삼분	…	십분	삼십분	사십오분

10時半	何時	何分	午前	午後
열시 반	몇 시	몇 분	오전	오후

▶ 時刻はよく使います。12時まで練習しましょう。

지금 몇 시예요?　　今、何時ですか。

오후 두시 오십오분이에요.　　午後2時55分です。

세시 오분 전이에요.　　3時5分前です。　　－전 [前]

4. 曜日の表現

월요일 [月曜日]　　화요일 [火曜日]　　수요일 [水曜日]

목요일 [木曜日]　　금요일 [金曜日]　　토요일 [土曜日]

일요일 [日曜日]　　무슨 요일　何曜日

오늘은 무슨 요일이에요?　　今日は何曜日ですか。

금요일이에요.　　金曜日です。

Advice 몇 と 무슨

どちらも日本語で「何」と訳しますが、混同しないようにしましょう。

몇は「数詞：いくつ、いくらの」、무슨は「冠詞：どんな、どういう」です。

몇 개 何個　　**무슨** 일이에요? 何の(どんな)ことですか。

5. 年齢の表現

年齢も固有数字で表現します。살(−歳)も助数詞の一つと考えましょう。まず自分の年齢を発音できるようにしましょう。

열여덟 살　　열아홉 살　　스무 살 （18歳　19歳　20歳）

몇 살이에요?　　올해 스물한 살이에요. 何歳ですか。 今年21歳です。

Advice 目上の人には丁寧な表現でたずねます。

연세가 어떻게 되십니까? お年がどのようになられますか。

助詞をおぼえよう 3

− 부터 / 까지　～から　～まで

「−부터」は始まりを表し、「− 까지」は時間、空間、数量の限度を表します。

아르바이트는 몇 시**부터** 몇 시**까지**예요?　アルバイトは何時から何時までですか。

숙제는 이 페이지**부터**입니까?　宿題はこのページからですか。

Advice 場所の「～から　～まで」は　−에서 −까지

도쿄에서 센다이까지 1(한)시간 20(이십)분입니다.

東京から仙台まで1時間20分です。

すぐに使える表現・あいさつ

지금 몇 시예요?	今、何時ですか。	몇 분 何分
몇 개예요?	何個ですか。	
수고하세요.	頑張ってください(お疲れさまです)。	
수고하셨습니다.	【수고하셛씀니다】お疲れさまでした。	
또 (내일) 만나요.	また(明日)会いましょう。	

Challenge 「付録① 単語をチャージしよう」を予習しましょう。

置き換え練習 ＿＿部分を置き換えて練習しましょう。 10-4

① 학생 네 명 学生 4名

[커피 한 잔 잡지 두 권 주스 세 병]

② 사과 한 개 얼마예요? リンゴ1個いくらですか。

[한 사람 카메라 두 대 홍차 세 잔]

③ 지금 몇 시예요 (예요 / 이에요) ? 今、何時ですか。

[몇 분 몇 분 전 몇 살]

④ 수업이 (가 / 이) 몇 시까지예요? 授業が(は)何時までですか。

[아르바이트 시험 한국어 수업]

聞き取り練習

Ⅰ. 音声の後について〈固有数字 1~20〉を発音しましょう。 10-5

Ⅱ. 音声を聞いて、(　　)に文字を書きましょう。 10-6

A：오늘 수업이 몇 (　　　　) 이에요?

B：영어 (　　　　) 경제학이에요.

A:(　　　　　)은 (　　　　　)부디에요?

B:아홉시부터 (　　　　　)세시 (　　　　　)예요.

書く練習・作文

Ⅰ. ハングルで書きましょう。　(数字もハングルで書くこと)

① 1時10分 ________　　② 4時半 ________

③ 午前8時 ________　　④ 午後9時 ________

⑤ 日本の学生3名と留学生4名 ________

Ⅱ. 質問に答えましょう。

① 지금 몇 시입니까?

② 오늘 무슨 요일이에요?

③ 여름 방학이 언제부터입니까?　　여름 방학 夏休み

Ⅲ. 韓国語で書いてみましょう。

① この本は1冊 8,000ウォンです。

____

② 佐々木さんは今年22歳です。

____

③ 横浜までいくらですか。　1人350円です。

____

第11課　図書館にいます

11-1

(건물 밖에서)

사　　키　**대학원 연구실이 어디에 있습니까?**

학　　생　**학생 식당 뒤에 있습니다.**

(대학원 연구실에서)

사　　키　**유지현 씨는 여기에 있습니까?**

대학원생　**아니요, 지금은 없습니다.**

사　　키　**그럼 어디에 있습니까?**

대학원생　**도서관에 있습니다.**

(建物の外で)

沙希：大学院の研究室はどこにありますか。

学生：学生食堂の後ろにあります。

(大学院の研究室で)

沙希：柳智賢さんはここにいますか。

大学院生：いいえ、今はいません。

沙希：では、どこにいますか。

大学院生：図書館にいます。

単語 단어

[　　]は漢字語

11-2

연구실 [研究室]

식당 [食堂]

교실 [教室]

은행 [銀行]

호텔 ホテル

약속 [約束]

가방 カバン

병원 [病院]

교환 [交換]

어디 どこ

도서관 [図書館]

화장실 [化粧室]

백화점 [百貨店] デパート

편의점 [便宜店] コンビニ

예약 [予約]

약국 [薬局]

물 水

기숙사 [寄宿舎] 寮

発音 발음

11-3

있습니다 → 인씀니다　　　없습니다 → 업씀니다

▶ 2文字のパッチムの発音については第5課参照

식당 → 식땅　은행 → 으냉　백화점 → 배콰점　약국 → 약꾹

편의점 → 펴니점　　의 は語中では【 이 】と発音　회의【회이】会議

文法・文型

1. 있습니다 ⇔ 없습니디　あります/います　⇔　ありません/いません

存在の有無をあらわす表現です。物、人、動物すべてに使えます。

基本形(辞書形)は　있다 ある/いる ⇔ 없다　ない/いない

호텔 앞에 은행이 있습니다. ホテルの前に銀行があります。

사키 씨는 교실에 있습니까? 沙希さんは教室にいますか。

아니요, 없습니다. いいえ、いません。

基本形	フォーマルな丁寧語	疑問形
있다	있습니다	있습니까?
없다	없습니다	없습니까?

2. 場所の表現

어디에 있습니까?
　どこにありますか/いますか。

場所 에 있습니다
場所 にあります/います

화장실이 어디에 있습니까?　　化粧室はどこにありますか。
　교실 옆에 있습니다.　　教室の横にあります。
백화점이 어디에 있습니까?　　デパートはどこにありますか。
　호텔 앞에 있습니다.　　ホテルの前にあります。
가족이 어디에 있습니까?　　家族はどこにいますか。
　부산에 있습니다.　　釜山にいます。

場所・位置をあらわすことば

여기	거기	저기	어디	앞	뒤	위	밑
ここ	そこ	あそこ	どこ	前	後ろ	上	下
안	밖	옆	오른쪽	왼쪽	근처		
中	外	横	右側	左側	近く		

Advice

名詞と名詞の間の「～の 의」はつけません(第7課参照)
물은 냉장고 안에 있습니다.　水は冷蔵庫の中にあります。
이 근처에 편의점이 있습니까?
　この近くにコンビニがありますか。
학교 앞에 있습니다.　学校の前にあります。
책상 밑에 机の下に　　집 안에 家の中に

3. 何がありますか　だれがいますか

物、人物(動物)の存在を聞く表現です。「だれ」は 누구 ですが(第8課参照)、「だれが」は 누가 になります。「何」は 무엇, 会話では 뭐 をよく使います。

무엇이(뭐가) 있습니까?　　何がありますか。

누가 있습니까?　　だれがいますか。

가방 안에 무엇이(뭐가) 있습니까?　カバンの中に何がありますか。

　교과서하고 휴대폰이 있습니다.　　教科書と携帯電話があります。

나무 밑에 무엇이 있습니까?　　木の下に何がいますか。

　고양이가 있습니다.　　ネコがいます。

아무도 / 아무것도　　だれも / 何も

後ろに否定形が続き、「だれも / 何も　〜ない」の意味になります。

집에 누가 있습니까?　　家にだれがいますか。

　아무도 없습니다.　　だれもいません。

책상 위에 뭐가 있습니까?　　机の上に何がありますか。

　아무것도 없습니다.　　何もありません。

助詞をおぼえよう 4

－에　(場所や位置など) 〜に

약국은 병원 앞**에** 있습니다.　　薬局は病院の前にあります。

교환학생이 어디**에** 있습니까?　　交換学生はどこにいますか。

　지금은 기숙사**에** 있습니다.　　今は学生寮にいます。

－도　〜も　　－도 は添加を表します。

저는 대학생이에요. 유지훈 씨**도** 대학생이에요.

　私は大学生です。柳智勳さんも大学生です。

교실에**도** 없습니다.　　教室にもありません(いません)。

次のような表現も日本語と同じです。

자리가 있습니까?　席がありますか。　　　　　자리 席

아니요, 하나도 없습니다.　いいえ、1つもありません。

すぐに使える表現・あいさつ

어디입니까?　어디예요?　どこですか。

화장실이 / 편의점이【펴니저미】/ 면세점이　어디입니까?

化粧室は / コンビニは / 免税店は　どこですか。

실례합니다.　失礼します。

천만에요.　どういたしまして。

Challenge　「付録①　単語をチャージしよう」を予習しましょう。　11-4

置き換え練習　＿＿部分の単語を置き換えて練習しましょう。

① 교과서가(가 / 이) 있습니다. / 없습니다.

[　한국 친구　　　남동생　　　일본 신문　]

② Q : 지금 아르바이트가(가 / 이) 있습니까?

A : 네, 있습니다. / 아니요, 아르바이트는(는 / 은) 없습니다.

[　약속　　　예약　　　한일사전　]

③ Q : 식당이(가 / 이) 어디에 있습니까?　　A : 저기에 있습니다.

[　Q : 한국 잡지　　　야마다 씨　　　가방　]

[　A : 도서관　　　기숙사　　　책상 위　]

聞き取り練習　音声を聞いて、(　　)に文字を書きましょう。

11-5

① A: 겐지 씨가 (　　　　　　) 있습니까?

B: 교실 (　　　　　) 있습니다.

A: 한국 (　　　　　　) 있습니까?

B: 아니요, (　　　　　　).

② A: 이 (　　　　　) 에 은행이 있습니까?

B: 저　편의점 (　　　　　) 있습니다.

거기에 (　　　　　　) 도 있습니다.

書く練習・作文

Ⅰ. 次の文を日本語に訳しましょう。

유지훈 씨는 학교에 없습니다.　지금 편의점에 있습니다.

다섯 시부터 아르바이트가 있습니다.

그 편의점은 대학 근처에 있습니다.

Ⅱ. 質問に答えましょう。

① 한국 친구가 있습니까?

② 오늘은 한국어 수업이 없습니까?

③ 가방 안에 무엇이 있습니까?

④ 지금 옆에 누가 있습니까?

第12課　歴史小説が好きです

12-1

(서점에서)

선배　오늘은 어떤 책이 필요해요?

사키　아, 이 사전이 한국어 수업 때, 필요합니다.

선배는 어떤 책을 좋아합니까?

선배　역사소설을 좋아해요.

그래서 친구랑 스터디를 해요.

사키　그래요? 저는 대중문화,

특히 뮤지컬에 관심이 있습니다.

(書店で)

先輩：今日はどんな本が必要ですか。

沙希：あ、この辞書が韓国語の授業の時に必要です。先輩はどんな本が好きですか。

先輩：歴史小説が好きです。 それで友人とスタディーをし(てい)ます。

沙希：そうですか。 私は大衆文化、とくにミュージカルに関心があります。

▶스터디 (study)：友人など何人かで集まり特定の内容や分野を勉強すること。
またはその集まり(勉強会)。

대중문화［大衆文化］ 映画や歌など社会で広く愛好される文化との意味で使われる。

単語 단어　　[　　]は漢字語

12-2

서점 [書店]

역사 [歴史]

좋아하다 好きだ

필요 [必要]

뮤지컬 ミュージカル

예습 [予習]

입학 [入学]

아침 朝

어떤 どんな

문화 [文化]

싫어하다 嫌いだ

공부 [工夫] 勉強

관심 [関心]

복습 [復習]

졸업 [卒業]

저녁 夕方

▶ 아침 식사 朝食　　점심 [点心] 昼ごはん　　저녁 식사 夕食

発音 발음

12-3

좋아하다 → 조아하다

특히 → 트키 (激音化)

편리하다 → 펄리하다 (流音化)

같이 → 가치 (口蓋音化)

싫어하다 → 시러하다 (ㅎの弱化)

깨끗하다 → 깨끄타다 (激音化)

못하다 → 모타다 (激音化)

축하합니다 → 추카합니다 (激音化)

▶流音化　パッチム「ㄴ」の次に「ㄹ」、またはパッチム「ㄹ」の次に「ㄴ」がくると、それぞれの「ㄴ」が「ㄹ」の音に変化。

신라 [新羅] → 실라　　일년 [一年] → 일련

▶ 口蓋音化　パッチム「ㄷ, ㅌ」の次に「이」がくると、それぞれ「지, 치」と連音する発音の変化

같이(一緒に) → 가치　　굳이(あえて) → 구지

文法・文型

하다動詞 と 하다形容詞

名詞 ＋ 하다（する） 하다動詞と、 －하다 がついた形容詞があります。

하다 動詞・形容詞とも「－하」が語幹で、次のように活用します。

	基本形	フォーマルな丁寧語	フォーマルな疑問形	カジュアルな丁寧語/ 疑問形
勉強する（動詞）	공부하다	공부합니다	공부합니까?	공부해요/ 공부해요?
好きだ（形容詞）	좋아하다	좋아합니다	좋아합니까?	좋아해요/ 좋아해요?

1. **하다動詞**　名詞に하다をつけて　～する

공부［工夫］勉強 ＋ 하다(する) → 공부하다　勉強する

전화［電話］＋ 하다 → 전화하다　電話する

설명［説明］＋ 하다 → 설명하다　説明する

소개［紹介］ 세탁［洗濯］ 목욕［沐浴］入浴 をはじめ多くの名詞に하다をつけて表現します。

가족을 소개합니다.　家族を紹介します。

日本語と同じように、「勉強します」と「勉強をします」の表現があります。

예약［予約］＋ 하다 → 예약합니다　予約します

안내［案内］＋ 하다 → 안내(를) 합니다　案内(を)します

약속［約束］＋ 하다 → 약속(을) 합니다　約束(を)します

영어를 공부해요.　英語を勉強します。

우리 학교를 안내합니다.　私の学校を案内します。

아침부터 저녁까지 합니다.　朝から夕方までします。

Advice　합니다/해요は「～します」とともに、「～しています」と動作の継続・進行の意味も表現します。

매일 한국어를 공부해요.　毎日、韓国語を勉強しています。

매일［毎日］

2. 하다形容詞　–하다 がついた形容詞

좋아하다　好きだ　　싫어하다　嫌いだ　　잘하다　上手だ
유명하다 [有名–] 有名だ　　친절하다 [親切–] 親切だ
편리하다 [便利–] 便利だ　　불편하다 [不便–] 不便だ
깨끗하다　清潔だ　　따뜻하다　天気が暖かい、(心が) 温かい

하다形容詞は 하다動詞 (勉強をします)の「～を」は使えません。

민우 씨는 영어를 잘해요.　ミヌさんは英語が上手です。
그 노래는 유명합니다.　その歌は有名です。
고속버스가 편리합니다.　高速バスが便利です。
이 호텔은 방이 깨끗해요.　このホテルは部屋が清潔です。
오늘은 조금 따뜻합니다.　今日は少し暖かいです。

Advice　「好きだ/嫌いだ」は食事をはじめ会話でよく使われます。

스포츠 중에서 수영을 제일 좋아해요.　중에서　～の中で
スポーツの中で水泳が一番好きです。　수영[水泳]
어머니는 한국 드라마를 아주 좋아합니다.　아주　とても
母は韓国ドラマがとても好きです。
동생은 과자를 좋아해요.　弟/妹はお菓子が好きです。
오빠는 술을 싫어해요.　兄はお酒が嫌いです。
거기는 교통이 불편합니다.　そこは交通が不便です。

助詞をおぼえよう 5

– 를 / 을　～を　　パッチムがなければ 를　　パッチムがあれば 을

숙제를 해요?　宿題をし(てい)ますか。
아니요, 예습을 해요.　いいえ、予習をし(てい)ます。

Advice　잘하다, 못하다(下手だ), 좋아하다, 싫어하다の前の助詞は「～が」ではなく、「 를 / 을　～を」で表現します。

중국어를 잘 못합니다.　中国語があまり上手ではありません。
한식을 좋아합니다.　韓国料理が好きです。

－랑 / 이랑　～と　　パッチムがなければ **랑**　　パッチムがあれば **이랑**

－하고, －와 / 과 と同じように使いますが、(第9課参照)
動作の相手には 랑 / 이랑 を使います。

누구랑 같이 해요?　　だれと一緒にしますか。
남동생이랑 같이 공부해요.　弟と一緒に勉強します。

すぐに使える表現・あいさつ

축하 [祝賀]합니다.　おめでとうございます。

입학 / 졸업을 축하합니다.　入学 / 卒業　おめでとうございます。

생일 축하해요.　誕生日おめでとう。

죄송 [罪悚] 합니다.　申し訳ありません。

그렇습니까? / 그래요?　そうですか。

Challenge　「付録①　単語をチャージしよう」を予習しましょう。

置き換え練習　＿＿部分を置き換えて練習しましょう。　12-4

① 약속을 (를/을) 합니다.　約束をします。

[　안내 [案内]　　연습 [練習]　　청소 [清掃]　]

② 교통이 (가/이) 편리해요.　交通が便利です。

[　전화 [電話]　　메일 メール　　택시 タクシー　]

③ Q：무엇을 좋아해요?　何が好きですか。

A：저는 음악을 (를/을) 좋아해요.　私は音楽が好きです。

[　커피　　영화　　여행　　게임 ゲーム　]

聞き取り練習　音声を聞いて、(　　)に文字を書きましょう。　12-5

① A: 일본 문화를 (　　　　　　　　　　)?

B: 네, 좋아해요.

A: 특히 (　　　　　　　) 좋아합니까?

B: 저는 (　　　　　)하고 (　　　　　　)를 좋아해요.

② 학생: 수업 때 무엇이 (　　　　　　　　)?　　　때 (の)時

선생님: 교과서 (　　　　　) 사전입니다.

아, 물론 (　　　　　)도 필요합니다.　　　물론 もちろん

書く練習

I. 次の文を日本語に訳しましょう。

지금 도서관에 있습니다. 오늘 한국 유학생이랑 같이 공부해요.

그 친구는 일본어를 잘해요. 댄스도 같이 해요.

II. 質問に答えましょう。

① 매일 공부를 해요?　　　매일 [毎日]

---

② k-pop을 좋아해요?　　　k-pop【케이팝】

---

③ 가라오케를 싫어합니까?

---

④ 스포츠 중에서 무엇을 제일 좋아해요?

復習　第10課～第12課

Ⅰ. 日本語に訳しましょう。

월요일부터 금요일까지 대학에 있습니다.

오늘하고 내일은 약속이 없습니다.

한시에 예약을 합니다.

일본 문화도 공부해요.

Ⅱ. 次の文には1つ誤りがあります。(　　)に正しく書きましょう。

例 저는 대학생 임니다.　　　(　입니다　)

① 사과를 둘 개 주세요.　　　(　　　)

② 한국 친구가 삼 명 있습니다.　　　(　　　)

③ 식당은 도서관의 옆에 있습니다.　(　　　)

④ 저는 커피가 좋아해요.　　　(　　　)

Ⅲ. (　　)に入る言葉を下から選びましょう。

① 이 (　　　　) 에 편의점이 있습니다.

② 화장실이 (　　　　)에 있습니까?

③ 아침(　　　　)　저녁(　　　　)　집에 있습니다.

④ 오늘은 (　　　　) 요일이에요?

⑤ 지금 교실 안에 (　　　　) 있습니까?

부터 / 어디 / 누가 / 무슨 / 근처 / 까지

Ⅳ. ハングルで書きましょう。　例 1:00 p.m. (　오후 한시　)

2:10 (　　　　)　　11:30 (　　　　)

9:00 a.m. (　　　　)　　6:00 p.m. (　　　　)

Column 韓国の中華街

ソウルから地下鉄1号線に乗り1時間ほど、終点の仁川駅の前に中華街（チャイナタウン・차이나타운）が広がっています。中華街の入口には中国様式の牌楼(門)があります。

仁川は横浜や神戸のように韓国の開港場で、現在も外国貿易の重要な港です。仁川の中華街は再開発され来訪者が増えています。三国志壁画通り（삼국지 벽화거리）や韓中文化館（한중문화관）、チャジャン麺博物館(짜장면 박물관)、中華料理店などがあり、「韓国の中の中国」を体感することができます。

韓国の華僑は歴史的にほとんどが中国・山東半島の出身でしたが、中華民国のパスポートをもち、台湾への連帯意識をもってきました。東西冷戦の中で韓国と中国は国交がなかったためです。華僑の子女は高校を卒業すると、多くが台湾の大学に留学しました。

華僑の中華料理店は家族経営の小規模な店舗で、「中国の家（중국집）」と呼ばれます。韓国政府が土地所有や価格の統制など戦後から1990年代にかけて長年にわたり華僑の経済活動を抑制したからです。そのため華僑の多くが新天地をもとめて米国やカナダ、台湾などに移住し、「韓国はチャイナタウンがない国」といわれました。

1992年の中韓国交樹立が大きな転機になりました。中国との貿易が急増し人々の往来も盛んになり、華僑社会も変化しています。仁川市では年に一度「中国の日　文化観光祭り（인천-중국의 날 문화축제）」が開催され、これまで芸術公演やチャジャン麺早食い大会（짜장면 빨리먹기대회）などがにぎやかに行われています。

チャンポン(짬뽕)は真っ赤な激辛スープで、韓国人の味覚に合わせています。炒飯（볶음밥）や酢豚（탕수육）も人気のメニューです。韓国から日本に来ている留学生もときどき無性にチャジャン麺を食べたくなるそうです。

仁川チャイナタウンの牌楼

チャジャン麺博物館

おすすめ図書　山下清海 編著『華人社会を知る本』明石書店 2005

第13課　本当においしいです

13-1

친구　찌개, 냉면, 칼국수… 뭐가 좋습니까?

사키　된장찌개는 맵습니까?

친구　조금 맵지만, 정말 맛있습니다.

한국 음식은 수저로 먹습니다.

사키　일본에서는 젓가락을 씁니다.

찌개도 반찬도 아주 맛있습니다.

친구　식당 아주머니가 전부 만듭니다.

友人：チゲ、冷麺、カルグクス…　何がいいですか。

沙希：みそチゲは辛いですか。

友人：少し辛いですが、本当においしいです。

　　韓国料理は箸(はし)とさじ(スプーン)で食べます。

沙希：日本では箸を使います。チゲもおかずもとてもおいしいです。

友人：食堂のおばさんが全部作っています。

▶수저：食事のマナーとして食器は手で持ち上げません。箸と匙(さじ)を使って食べます。また年長者が手をつけてから食事を始めます。

単語 단어

[　　]は漢字語

13-2

식당 [食堂]　냉면 [冷麵]　정말 [正-] 本当に　된장 [-醬] みそ

찌개 チゲ　음식 [飮食] 食べ物、料理　반찬 [飯饌] おかず

수저 スプーンと箸　숟가락 スプーン　젓가락 はし　아주 とても

맛있다 おいしい　전부 [全部]　자주 度々、よく

覚えたい 動詞・形容詞

▶ 日常生活で使われる単語を練習しよう

[パッチムがない動詞]　※ 하다動詞は第12課を参照

13-3

가다 行く　오다 来る、降る　보다 見る　쓰다 ※書く、使う

마시다 飲む　사다 買う　배우다 学ぶ、習う　부르다 歌う、呼ぶ

만나다 会う　쉬다 休む　자다 寝る　일어나다 起きる

기다리다 待つ　가르치다 教える　타다 乗る　내리다 降りる

모르다 知らない、分からない　보내다 送る　다니다 通う

※쓰다 (帽子を)かぶる、(眼鏡を)かける、(傘を)さす、苦いなどの意味があります。

[パッチムがある動詞]

13-4

먹다 食べる　읽다 読む　듣다 聞く　걷다 歩く　닫다 閉める

받다 もらう、受ける　찍다(写真を)撮る　찾다 探す　입다 着る

(ㄹパッチム)　만들다 作る　열다 開ける　살다 住む、生きる

알다 知る、分かる　팔다 売る　놀다 遊ぶ、楽しむ

[形容詞]　▶ 反対語といっしょうに覚えよう

13-5

싸다 安い ⇔ 비싸다 (値段が)高い　크다 大きい ⇔ 작다 小さい

춥다 寒い ⇔ 덥다 暑い　좋다 良い ⇔ 나쁘다 悪い

어렵다 難しい ⇔ 쉽다 易しい
많다 多い ⇔ 적다 少ない
길다 長い ⇔ 짧다 短い
맛있다 おいしい 맵다 辛い

멀다 遠い ⇔ 가깝다 近い
뜨겁다 熱い ⇔ 차다 冷たい
바쁘다 忙しい ⇔ 한가하다 暇だ
달다 甘い 빠르다 速い、迅速だ

発音 발음

13-6

맛있습니다 → 마싣씁니다 / 마딛씁니다
읽습니다 → 익씁니다
많습니다 → 만씁니다
짧습니다 → 짤씁니다

▶ 2文字のパッチムの発音については第5課参照

文法・文型

1. 動詞と形容詞 – フォーマルな丁寧語

動詞、形容詞のフォーマルな丁寧語(かしこまった丁寧な表現)を学習します。
単語の語幹の末(–다の直前)の**パッチムの有無と、パッチムの種類により**活用が異なります。

① パッチムがない場合 – 語幹に ㅂ니다 をつける

▶ 第12課で学習した 하다(する) ⇒ 합니다(します)と同じ活用法

누구랑 갑니까? だれと行きますか。
학교 후배랑 갑니다. 学校の後輩と行きます。
지금 비가 옵니까? 今、雨が降っていますか。
아니요, 눈이 옵니다. いいえ、雪が降ってます。

② パッチムがある場合 — 語幹に 습니다 をつける

먹다 食べる ⇒ 먹습니다 / 먹습니까? 食べます / 食べますか

▶ 第11課で学習した 있다(いる) ⇒ 있습니다(います)と同じ活用法

책을 읽습니까? 本を読みますか。
아니요, 신문을 읽습니다. いいえ、新聞を読みます。
밤에 음악을 듣습니다. 夜に音楽を聞きます。

③ パッチムが「ㄹ」の場合

살다, 멀다 のように、語幹に パッチムㄹがある場合は、パッチムを取り、①と同じように活用します。

만들다　김치를 만듭니다. キムチを作ります。

살다　　어디에 삽니까?　どこに住んでいますか。

フォーマルな丁寧語の活用

	基本形	フォーマルな丁寧語	疑問形
パッチム無	오다　来る	옵니다　来ます	옵니까?　来ますか
パッチム有	먹다　食べる	먹습니다 食べます	먹습니까? 食べますか
パッチムㄹ	멀다　遠い	멉니다　遠いです	멉니까?　遠いですか

2. –지만　～だが、けれども　名詞、動詞・形容詞などの語幹につけます

바쁘**지만** 갑니다.　　忙しいけど、行きます。

날씨는 좋**지만**, 춥습니다.　　天気は良いけど、寒いです。

조금 멀**지만** 걷습니다.　　少し遠いけれども歩きます。

일본 사람**이지만** 한국어를 잘해요.　日本人だけど韓国語が上手です。

Advice　名詞の末にパッチムがなければ　–지만

パッチムがあれば　–이지만

助詞をおぼえよう 6

① – 에서　場所 ～で　起点 ～から

제 방**에서** 한국어를 공부합니다.　　私の部屋で韓国語を勉強します。

시장**에서** 한복을 삽니다.　　市場で韓服を買います。

수업 중**에서** 어느 과목이 어렵습니까?　授業の中でどの科目が難しいですか。

학교**에서** 갑니다.　　学校から行きます。

Advice 여기 / 거기 / 저기 / 어디 に続くとき、会話では

여기서 / 거기서 / 저기서 / 어디서

ここで、ここから/そこで、そこから/あそこで、あそこから/どこで、どこから

여기서 잠깐 쉽니다.　ここでしばらく休みます。

거기서 무엇을 삽니까?　そこで何を買いますか。

어디서 옵니까?　どこから来ますか。

② －로/으로 手段・道具 ～で

パッチムがない時、ㄹ パッチムの時 **－로**　そのほかのパッチムの時 **－으로**

무엇으로 보냅니까?　何で送りますか。(무엇으로の会話体は 뭘로)

소포로 보냅니다.　小包で送ります。

한국어로 말합니다.　韓国語で言います。　말하다 言う、話す

연필로 씁니다.　鉛筆で書きます。

Advice 日本語の助詞「～で」は、韓国語では使い方が異なるので注意。

で	場所	에서	도서관에서 공부합니다. 図書館で勉強します。
	道具	로 / 으로	헤드폰으로 듣습니다. ヘッドフォンで聞きます。
	手段		버스로 갑니다. バスで行きます。

すぐに使える表現・あいさつ

잘 먹겠습니다. いただきます。　잘 먹었습니다. ごちそうさまでした。

(아주) 맛있습니다. (とても)おいしいです。

많이 드세요. たくさん召し上がってください。

(여기) 물 좀 주세요. (반찬　김치　메뉴　물수건)

(ここに)水をください。 (おかず　キムチ　メニュー　おしぼり)

Challenge

Ⅰ. 動詞・形容詞の練習

動詞・形容詞は、名詞と助詞をいっしょに練習すると効果的です。

−를 / 을	− 에	−에서	−가 / 이
～を	～に	～で / から	～が

(p.146参照)

例のように書いてみましょう。

▶ 動詞・形容詞は80～81ページにあります。

例 コーヒーを飲みます　커피를 마십니다.

〈 −를 / 을　～を 〉

ドラマ(드라마)を見ます

冷麺(냉면)を食べます

音楽(음악)を聞きます

新聞(신문)を読みます

手紙(편지)を書きます

歌(노래)を歌います

バス(버스)を待ちます

キムチ(김치)を作ります

日本語(일본어)を教えます

〈 − 에　～に 〉

化粧室(화장실)に行きます

8月(팔 월)に来ます

6時(여섯시)に起きます

11時(열한시)に寝ます

〈 −에서　~で / から 〉

食堂(식당)で食べます

市場(시장)で買います

寮(기숙사)で住みます

図書館で勉強します

家(집)から来ます

〈 −가 / 이　~が / 他 〉

雪(눈)が降ります

コンビニ(편의점)が近いです

カバン(가방)が大きいです

海苔(김)が安いです

友だちに(친구를)会います

バスに(버스를)乗ります

会社まで (회사까지)歩きます

▶ 만나다 会う、 타다 乗る は助詞の使い方が日本語と異なります。

Ⅱ. −지만 (~けれども) を使って、1つの文にしましょう。

例 신칸센은 빠르다 + 비싸다　　新幹線は速い+高い

⇒ 신칸센은 빠르지만 비쌉니다. 新幹線は速いけれども高いです。

① 날씨가 조금 덥다 天気が少し暑い + 걷다 歩く

② 육개장은 맵다 辛い + 자주 먹다 よく食べる　　육개장 ユッケジャン

③ 지금 바쁘다 今、忙しい + 같이 가다 一緒に行く

Ⅲ. 韓国語に訳しましょう。

① 食堂で昼ごはんを食べます。　　점심［点心］昼ごはん

② ここで友だちを待ちます。

③ 今、大学で韓国語を勉強し(てい)ます。

Ⅳ. 表に書いて練習しましょう。

基本形	日本語訳	～ます・～です	疑問形
① 사다	買う	삽니다	삽니까?
② 오다	来る、降る		
③ 보다	見る		
④ 배우다	学ぶ、習う		
⑤ 만나다	会う		
⑥ 부르다	歌う、呼ぶ		
⑦ 먹다	食べる		
⑧ 듣다	聞く		
⑨ 읽다	読む		
⑩ 열다	開ける		
⑪ 크다	大きい		
⑫ 바쁘다	忙しい		
⑬ 가깝다	近い		
⑭ 길다	長い		

第14課　韓屋村が有名です

14-1

사키　**전주는 기차로 가요?**

지훈　**기차보다 고속버스로 가면 더 편해요.**

거기는 한옥마을이 유명해요.

(한옥마을 안내소에서)

사키　**티켓은 어디서 팔아요?**

안내원　**입장은 무료입니다.**

사키　**음식은 뭐가 맛있어요?**

안내원　**관광객은 비빔밥이나 콩나물국밥을 먹어요.**

沙希：全州は汽車（鉄道）で行きますか。

智勲：汽車より高速バスで行くともっと楽です。（あ）そこは韓屋村が有名ですよ。

（韓屋村の案内所で）

沙希：チケットはどこで売っていますか。　案内員：入場は無料です。

沙希：食べ物は何がおいしいですか。

案内員：観光客はビビンバやもやしクッパを食べます。

単語 단어

14-2

기차 [汽車]　더 もっと　편하다 [便−] 楽だ、便利だ、易しい

관광객 [観光客]　안내소 [案内所]　티켓 チケット

입장 [入場]　무료 [無料]　장학금 [奨学金]　서울 ソウル

発音 발음

14-3

한옥마을 → 하농마을 (鼻音化)

▶**鼻音化**　鼻音化は第6課で学んだほかに、次のような変化があります。

① パッチム「ㅁ,ㅇ」の次に「ㄹ」がくると、「ㄹ」が「ㄴ」の音に変化。

음료 [飲料] 飲み物 → 음뇨　　장래 [将来] → 장내

② 「ㄱ,ㄷ,ㅂ」の発音のパッチムに、「ㄹ」が続くと、「ㅇ,ㄴ,ㅁ」+「ㄴ」の音に変化。

학력 [学力] → 항녁　　수업료 [授業料] → 수엄뇨

文法・文型

1. 動詞と形容詞 − カジュアルな丁寧語

動詞・形容詞のカジュアルな丁寧語(打ち解けた丁寧な表現)を学習します。

語幹の末の母音により作り方が異なります。　※パッチムは関係ありません。

① 語幹の末の母音が ㅏ / ㅗ の場合 − 語幹に 아요 をつける

もらう　받(다) : 받 + 아요 ⇒ 받아요

良い　좋(다) : 좋 + 아요 ⇒ 좋아요

장학금을 받아요. 奨学金を受けています。

뭘 찾아요?　何を探していますか。　뭘 : 무엇을(何を)の会話体

② 語幹の末の母音が ㅏ / ㅗ 以外の場合 − 語幹に 어요 をつける

食べる　먹(다) : 먹 + 어요 ⇒ 먹어요

おいしい　맛있(다) : 맛있 + 어요 ⇒ 맛있어요

어디서 사진을 찍어요? どこで写真を撮りますか。

語幹の末にパッチムがない時は、母音がつながるなど規則通りでない場合があります。

行く	가(다)	:가 + 아요 ⇒ **가요**	가아요 (会話で使わない)
立つ	서(다)	:서 + 어요 ⇒ **서요**	서어요 (以下、同上)
来る、降る	오(다)	:오 + 아요 ⇒ **와요**	오아요
学ぶ	배우(다)	:배우 + 어요 ⇒ **배워요**	배우어요
飲む	마시(다)	:마시 + 어요 ⇒ **마셔요**	마시어요
する	하(다)	:하 + 여요 ⇒ **해요**	(第12課参照)

Advice

動詞・形容詞のカジュアルな丁寧語は、(해)요体とも呼び、疑問文も形が同じです。動詞は勧誘、やわらかい命令も表現できます。

오늘은 날씨가 좋아요. 今日は天気がいいです。

내일도 날씨가 좋아요? 明日も天気がいいですか。

언제 가요? 내일 가요. いつ行きますか。明日行きます。

같이 가요. 一緒に行きましょう。

꼭 가요. 必ず行ってください/行きなさい。

▶動詞・形容詞のカジュアルな丁寧語には、不規則な変化があります。第16課で学習します。

2. 仮定形 (으)면 ～ならば、たら

日本語の仮定(～たら / なら / ば / と)は、韓国語は −(으)면 で表現します。

単語の語幹の末に パッチムがなければ **−면**
パッチムがあれば **−으면**

좀 더 싸**면** 삽니까? もう少し安ければ、買いますか。

시간이 없**으면** 전화 주세요. 時間がなければ、電話ください。

助詞をおぼえよう 7

−보다 ～より(も) 比較を表します

도쿄**보다** 서울이 더 춥습니다. 東京よりソウル(の方)がもっと寒いです。

갈비탕이 설렁탕**보다** 비싸요. カルビタン(の方)がソルロンタンより高いです。

−(이)나　例示 ～でも　列挙 ～や

카페에서 커피**나** 마셔요.　　カフェでコーヒーでも飲みましょう。

시간이 나면 도서관**이나** 휴게실에 있어요.

時間ができたら図書館や休憩室にいます。

すぐに使える表現

전주까지 어떻게 가요?　　어떻게 どのように、どうやって

全州までどのように行きますか。

버스가 없어요. 어떻게 해요? バスがないです。どうしましょうか。

현금으로 / 카드로 지불해요.　　현금［現金］　지불［支払］

現金(キャッシュ)で / カードで 支払います。

Challenge

置き換え練習　＿＿部分を置き換えて、(해)요体で練習しましょう。　14-4

① 지금 아르바이트를 해요. 今、アルバイトをし(てい)ます。

전화를 하다　　커피를 마시다

한국어를 배우다　　친구를 만나다

② 같이 식당에 가요.　　いっしょに食堂に行きます。

밥을 먹다　　책을 읽다　　학교에 다니다

③ Q：오늘 뭘 해요?　　今日、何をしますか。

A：집에서 공부해요.　　家で勉強します。

노래를 연습［練習］하다　　교실에서 영화를 보다

어머니하고 김치를 만들다　　친구하고 사진을 찍다

聞き取り練習　音声を聞いて、(　　)に文字を書きましょう。　14-5

① A : 오늘 시간이 (　　　　　　　)?

B : 네, 약속이 (　　　　　　　).

② A : 편의점에서 (　　　　　　　) 사요?

B : 샌드위치를 (　　　　　　　).　　샌드위치 サンドイッチ

③ A : 이 모자는 (　　　　　　　)?

B : 아니요, 조금 (　　　　　　　).

書く練習

Ⅰ. 次の文を日本語に訳しましょう。

① 대학에서 한국어를 공부해요. 영어도 배워요.

---

② KTX가 고속버스보다 빠르지만 비싸요.　　KTX 韓国高速鉄道

Ⅱ. 日本語に訳しましょう。

오늘은 토요일이에요. 수업이 없어요. 시간이 많이 있어요.
그래서 학교 도서관에서 책이나 한국 신문을 읽어요.
저는 스포츠보다 음악을 좋아해요. 지금 K-pop에 관심이 있어요.

수업 [授業]　그래서 それで、だから

Ⅲ. 韓国語に訳しましょう。　(해)요体で書きましょう。

① 雨が降れば、明日行きます。　비가 오다 雨が降る

② どこで友だちを待ちますか。　기다리다 待つ

③ 毎日、6時に起きます。　매일［毎日］ 일어나다 起きる

④ 今日も天気が良いです。　날씨 天気　좋다 良い

⑤ 韓国ドラマは面白いです。　드라마 ドラマ　재미있다 面白い

Ⅳ. 質問に答えましょう。　(해)요体で書きましょう。

① 집에서 학교까지 어떻게 와요?　어떻게 どのように

② 한국 음식 중에서 무엇을 좋아해요?

③ 주말에 어디에 가요?　주말［週末］

④ 지금 책상 위에 무엇이 있어요?　책상［冊床］机

⑤ 한국 배우를 알아요?　배우［俳優］ 알다 知る

V. 表に書いて練習しましょう。

	意味	フォーマルな丁寧形	カジュアルな丁寧形
① 가다	行く	갑니다	가요
② 만나다	会う		
③ 비싸다	高い		
④ 받다	もらう		
⑤ 알다	知る、分かる		
⑥ 오다	来る、降る		
⑦ 배우다	学ぶ、習う		
⑧ 좋다	良い		
⑨ 마시다	飲む		
⑩ 기다리다	待つ		
⑪ 있다	ある、いる		
⑫ 없다	ない、いない		
⑬ 먹다	食べる		
⑭ 읽다	読む		
⑮ 만들다	作る		
⑯ 멀다	遠い		
⑰ 공부하다	勉強する		
⑱ 편리하다	便利だ		

Column 韓国の旅　全羅北道 全州

日本人の海外旅行の渡航先では韓国は常に上位の1つを占めます。「安・近・短」で訪問でき、K-popやドラマなどの人気を背景に女性の観光客が増えています。韓国観光公社は旅の魅力を発信しており、ぜひWEBツアーで美しい風景を楽しんでください。

新羅千年の古都・慶州(경주)、日本と縁深い百済の都・扶余(부여)、火山島と溶岩洞窟が世界自然遺産に登録された済州島(제주도)、数多くの映画やドラマに登場しエリザベス女王も訪問した世界文化遺産の街・安東(안동)、夏の新緑や秋の紅葉など四季を通じて観光客が訪れる雪岳山(설악산)国立公園など… 見どころ満載です。

全州(전주)は全羅北道(전라북도)の道庁所在地で、外国人に人気がある観光地の一つです。伝統的な雰囲気が残る街並みや、食事が美味しいところで知られています。日本でも全州ビビンバ(전주비빔밥)は有名です。休日には観光客が韓服(한복)を着て散策する光景が見られます。ソウルから南に約230キロ、日帰り旅行も可能です。

市内の観光地は何といっても国内最大と言われる韓屋村(한옥마을)です。当初は外国人に人気がありましたが、今では国内外を問わず多くの人々が訪れます。伝統芸能や工芸文化が受け継がれており、例えば「扇子文化館」は‘風が始まる場所’とよばれ、全州を代表する工芸品である扇子が展示されています。韓屋村には工芸や料理などの体験コーナーもあります。2002年に金沢市と姉妹都市となり、伝統工芸を通じた文化交流が行われています。

全州には馬耳山(마이산)という景勝地もあります。山の形が馬の耳の形に似ていて左右に雄と雌の峰があります。雪に覆われた馬耳山も絶景といわれます。

もやしクッパ

全州韓屋村

WEB　韓国観光公社　https://japanese.visitkorea.or.kr/jpn
日本語ページ　全州韓屋村　http://hanok.jeonju.go.kr/
ソウルから全州へ
KTX（韓国高速鉄道）約1時間40分　　高速バス　約2時間40分

第15課　不便ではないですか

15-1

지훈　기숙사 생활은 안 불편해요?

사키　생각보다 편리해요.

지훈　요리는 어디서 만들어요?

사키　방에서는 못 하지만, 부엌이 있어요.

지훈　룸메이트랑 사이가 좋아요?

혹시 싸우지 않아요?

사키　아니요, 그 친구한테 한국어를 배워요.

그리고 저도 일어를 가르쳐요.

智勲：寮生活は不便ではないですか。

沙希：思ったより便利です。

智勲：料理はどこで作りますか。

沙希：部屋ではできませんが、台所があります。

智勲：ルームメートと仲が良いのですか。 ひょっとしてケンカしませんか。

沙希：いいえ、その友だちに韓国語を習っています。

それから私も日本語を教えています。

単語 단어

15-2

생활 [生活]　　생각 [生覚] 考え　　생각하다 [生覚-] 思う、考える

불편하다 [不便-] 不便だ　　편리하다 [便利-] 便利だ

부엌 台所　　룸메이트 ルームメート　　가르치다 教える

혹시 [或是] あるいは、もしかして　　싸우다 ケンカをする

일어 [日語] 日本語の略　　일어일문학과 [日語日文学科]

発音 발음

15-3

못 만나요 → 몬만나요　　못 먹어요 → 몬머거요 鼻音化

못 해요　→ 모태요 激音化　　편리하다 → 펼리하다 流音化

文法・文型

1. 動詞と形容詞の否定

用言(動詞と形容詞)を打ち消す否定の表現は2通りあります。

① 用言の前に 안 をつける方法　　※안 と用言の間は「分かち書き」

눈이 안 와요.　　雪が降りません。

옷이 안 작아요.　　服が小さくありません。

점심을 안 먹어요.　昼ご飯を食べません。

여기서 안 멀어요?　ここから遠くないですか。

하다動詞の否定は注意しましょう　　※하다 の直前に 안 をつけます

공부(를) 안 해요. (○) 勉強(を)しません。

안 공부해요.　　(×)

▶ 공부하다 は動詞なので 하다 の前に 안 をつける

청소(를) 안 해요?　　掃除(を)しないのですか。

이 방은 안 따뜻해요. この部屋は暖かくありません。

▶ 따뜻하다 は形容詞なので　안 따뜻해요

② 用言(動詞と形容詞)の語幹に　–지 않다　をつける方法

–지 않아요 / –지 않습니다　～ません、～ないです

운동은 하지 않습니까?　運動はしませんか。

호텔까지 가깝지 않습니다.　ホテルまで近くありません。

요즘은 일기를 쓰지 않아요?　最近は日記を書きませんか。

아침밥을 먹지 않아요.　朝ごはんを食べません。

▶ 会話では안をつける方法がよく使われますが、否定の表現がストレートです。

2. 不可能の表現　못＋ 動詞　～できない

用言の否定①で 안 をつける方法を学びました。
안 のかわりに 못 をつけると、「～できない」の意味になります。

시간이 없으면 못 가요.　時間がなければ行けません。

오늘은 바쁩니다. 못 만나요.　今日は忙しいです。会えません。

너무 맵습니다. 못 먹습니다.　あまりに辛いです。食べられません。

잘 못 해요.　よくできません / 下手です。

助詞をおぼえよう 8

–한테　(動作の相手) ～に

선배**한테** 부탁해요.　先輩にお願いします。

친구**한테** 선물을 보내요.　友だちにプレゼントをおくります。

–한테(서)　(動作の相手) ～から

누나**한테(서)** PC를 빌려요.　姉からパソコンを借ります。

어머니**한테(서)** 연락이 와요.　母から連絡がきます。

すぐに使える表現

어떻게 생각해요?　어떻게 생각합니까?
どう思いますか。　どうお考えですか。

생각보다　思った(想像)より

이 구두는 생각보다 비싸요.　この靴は思ったより高いです。

Challenge

置き換え練習　＿＿部分を置き換えて、(해)요体で練習しましょう。　15-4

① Q: 한국에 가요?　　A: 아니요, 안 가요.

식사를 하다　　드라마를 보다　　식사 [食事]

사진을 찍다　　책을 읽다　　찍다 撮る

② Q: 대학에 와요?　　A: 아니요, 오지 않아요.

편지를 쓰다 (p.104 参照)　　중국어를 배우다

친구를 만나다　　전화를 하다

③ 아침밥을 먹다. → 아침밥을 먹지 않아요.

오늘 비가 오다　　날씨가 좋다　　날씨 天気

가방이 크다　　과자를 사다　　과자 [菓子]

④ 커피를 마시다. → 커피를 못 마셔요.

일요일까지 기다리다　　편의점에서 사다

김치를 만들다　　친구한테 전화를 하다

聞き取り練習　音声を聞いて、(　　)に文字を書きましょう。　15-5

① A: 영어로 (　　　　　　　)?

B: 아니요, 영어로는 (　　　　　　　　　).

② A: 한국어는 어렵습니까?

B: 아니요, (　　　　　　　　　　　　).

③ A: 이 모자를 (　　　　　　　)?

B: 아니요, (　　　　　　　　). 너무 비싸요.

書く練習

I. 韓国語に訳しましょう。

① 北海道は暑くないです。　　호카이도　덥다 暑い

② 天気が良くありません。　　날씨 天気　좋다 良い

③ この料理は辛くありません。　　요리 [料理]　맵다 辛い

④ 学校から遠くないです。　　학교 学校　멀다 遠い

⑤ 韓国語で手紙を書けません。　　편지 [便紙] 手紙　쓰다 書く

⑥ コーヒーを飲めません。ジュースを飲みます。　　주스　ジュース

II. 次の文を日本語に訳しましょう。

오늘은 시간이 없어요. 오후 일곱시까지 아르바이트가 있어요.
그래서 못 만나요. 그 아르바이트는 어렵지 않아요. 재미있어요.
일요일은 바쁘지 않아요. 시간이 있으면 밥이나 같이 먹어요.
탁구도 해요. 그럼, 일요일에 만나요.

그래서 だから　재미있다 面白い　탁구 [卓球]　그럼 それでは

Ⅲ 表に書いて練習しましょう。

基本形	意味	否定形①	否定形②	不可能の表現
① 가다	行く	안 갑니다	가지 않습니다	못 갑니다
② 보다	見る			
③ 쓰다	書く(他)			
④ 마시다	飲む			
⑤ 만나다	会う			
⑥ 부르다	歌う			
⑦ 먹다	食べる			
⑧ 듣다	聞く			
⑨ 읽다	読む			
⑩ 만들다	作る			
⑪ 전화를 하다	電話をする			
⑫ 깨끗하다	清潔だ			−
⑬ 춥다	寒い			−
⑭ 가깝다	近い			−

※形容詞には不可能の表現はありません。

復習　第13課 ～ 第15課

Ⅰ. (　　　)に入る言葉を下から選んで書きましょう。

① 체육관(　　　) 연습해요.　　　체육관 [体育館]　연습 [練習]

② 잘 못 하(　　　) 좋아해요.　　　좋아하다 好きだ

③ 이 편지는 일본어(　　　) 씁니다.　　　편지 [便紙] 手紙

④ 오늘(　　　) 내일이 한가해요.　　　한가하다 暇だ

⑤ 햄버거(　　　) 같이 먹어요.　　　햄버거 ハンバーガー

로 / 나 / 지만 / 에서 / 보다

Ⅱ. 次の文には一つ誤りがあります。(　　)に正しく書きましょう。

例 저는 대학생 임니다.　(　입니다　)

① 어머니가 김치를 만들습니다. (　　　)

② 지금 대학에 공부합니다.　(　　　)

③ 한국 요리는 정말 맛있아요.　(　　　)

④ 지금 안 운동해요.　(　　　)

Ⅲ. (　　)に入る言葉を下から選び、カジュアルな丁寧形で書きましょう。

例 한국에 (　가요　).　　　※1つ1回ずつで

① 친구하고 영화를 (　　　).

② 여름 방학 때 일본에 (　　　).

③ 도서관에서 신문을 (　　　).

④ 편의점에서 무엇을 (　　　)?

⑤ 지금 교실에서 영어를 (　　　).

가다 / 사다 / 공부하다 / 읽다 / 오다 / 보다

Column　語学は楽しく継続しましょう

外国語は一人ひとりに合った学習方法があると思います。韓国語も基礎を学んだら、楽しく継続できるように工夫しましょう。歌、ドラマ、料理、旅行… いろいろな方法があります。韓国のドラマや歌などを視聴できる機会が増えたので、上手に活用しましょう。

東京・大久保や大阪・鶴橋などのコリアンタウンを散策することも一案です。手ごろな食堂に入って、メニューを見ながら韓国語で注文してみましょう。お店の人は親しく声をかけてくれるでしょう。

機会があれば韓国を訪問して刺激を受けましょう。ご存知のように日本各地の空港から韓国への航空便が就航しており、国内線とほぼ変わらない時間で行くことができます。九州であれば福岡から釜山まで片道約3時間で行ける高速船もあります。

韓国語を学習するみなさんにお勧めしたいのが、駐日韓国大使館の韓国文化院です。東京・新宿区と大阪・北区の2ヶ所にあります。東京の文化院の図書映像資料室には、「日本語による韓国関連図書10,000冊、韓国語図書16,000冊、韓国映画・ドラマDVDなどを豊富に所蔵しています」（HPより）。また展示会や講演会、テコンドー教室、映画上映会などがあり、無料で参加できるものもあります。院内には韓国政府が公認する韓国語教育機関である「駐日韓国文化院　世宗学堂」が設置されています。韓国語講座と舞踊や工芸などの文化講座を有料で開講しています。さらに韓国文化院では毎年、「韓日交流作文コンテスト」やスピーチコンテスト「話してみよう韓国語」を開催しています。

アクセスなど詳しくはホームページをご覧ください。

WEB　駐日韓国文化院　https://www.koreanculture.jp
駐大阪韓国文化院　http://www.k-culture.jp

駐日韓国文化院（東京・四谷）

第16課　のどが痛いです

16-1

(학교 보건센터에서)

의사　일본 유학생이에요? 어디가 아파요?

사키　어제부터 머리하고 목이 아파요.

의사　목감기예요. 기침은 나와요?

사키　거의 안 나와요. 약을 먹어요?

의사　네, 이틀 동안 드세요. 다시 오세요.

사키　감사합니다. 모레 뵙겠습니다.

의사　너무 무리는 하지 마세요.

(学校の保健センターで)

医師:日本の留学生ですか。どこが痛いですか(どうしましたか)。

沙希:昨日から頭と喉が痛いです。

医師:喉の風邪ですね。咳は出ますか。

沙希:ほとんど出ません。　薬を(は)飲みますか。

医師:はい、二日間飲んでください。また来てください。

沙希:ありがとうございます。　明後日お目にかかります。

医師:あまり無理はしないでください。

単語 단어

16-2

아프다 痛い、具合が悪い　　머리 頭、髪　　목 首、喉　　기침 咳

감기 [感気] 風邪　　※목감기 喉が痛む風邪　　동안 間、期間

이틀 2日、2日間　　※하루 (24時間の) 1日　　사흘 3日、3日間

어제 昨日　　모레 明後日　　다시 もう一度、再び　　무리 [無理]

약 [薬]　　▶ 薬を飲むは　약을 먹다 (食べる)で表現

들다 食べる、飲むの美化語　　질문 [質問]　　앉다 座る

医療に関する言葉

16-3

병원 [病院]　　약국 [薬局]　　의사 [医師]　　간호사 [看護師]

보험증 [保険証]　　예약 [予約]　　진찰 [診察]　　진단서 [診断書]

내과 [内科]　　외과 [外科]　　치과 [歯科]　　환자 [患者]

주사 [注射]　　수술 [手術]　　보건센터 [保健センター]

이상하다 [異常−] おかしい、異常だ　　건강하다 [健康−] 健康だ

身体に関する言葉

16-4

몸 体　　얼굴 顔　　눈 目　　귀 耳　　입 口　　코 鼻　　혀 舌

가슴 胸　　어깨 肩　　허리 腰　　배 腹　　등 背中

손 手　　오른손 右手　　왼손 左手　　팔 腕　　다리 脚　　발 足

손가락 手指　　이 歯　　땀 汗　　피 血　　혈액형 [血液型]

신장 [身長]　　체중 [体重]　　알레르기 アレルギー

発音 발음

16-5

한국 노래 → 한궁노래 鼻音化　　앉으세요 → 안즈세요

내과 → 내꽈　　외과 → 외꽈　　치과 → 치꽈 濃音化

文法・文型

1. 用言・カジュアルな丁寧語の変則（不規則な変化）

韓国語には第14課で学習した規則的な活用の他に、不規則な変化があります。

으変則：語幹が 르 以外の ㅡ 母音で終わる用言

（母音ㅡが ㅓになり ㅓ요）

쓰다 書く → 써요　　크다 大きい → 커요　　기쁘다 嬉しい → 기뻐요

（一文字目の母音が ㅏ/ㅗ の時は影響を受けて ㅏ요）

바쁘다 忙しい → 바빠요　　나쁘다 悪い → 나빠요

르変則：語幹が 르 で終わる用言の一部

（르の前の母音が ㅏ/ㅗ の時は ㄹ を重ねて ㄹ라요）

모르다 知らない → 몰라요　　빠르다 はやい → 빨라요

（르の前の母音が ㅏ/ㅗ 以外の時は ㄹ러요）

부르다 歌う、呼ぶ → 불러요

ㄷ変則：語幹が ㄷ で終わる動詞の一部（パッチム ㄷ が ㄹ になる）

듣다 聞く → 들어요　　걷다 歩く → 걸어요

묻다 問う、たずねる → 물어요

ㅂ変則：語幹が ㅂ で終わる用言の一部（パッチム ㅂ が取れて 워요）

덥다 暑い → 더워요　　어렵다 難しい → 어려워요

맵다 辛い → 매워요　　가깝다 近い → 가까워요

무겁다 重い → 무거워요　　가볍다 軽い → 가벼워요

ㅅ変則：語幹が ㅅ で終わる用言の一部

（パッチムの前の母音が ㅏ/ㅗ の時は パッチム ㅅ が取れて 아요）

낫다 治る → 나아요

（パッチムの前の母音が ㅏ/ㅗ の以外の時は パッチム ㅅ が取れて 어요）

짓다 つくる、建てる → 지어요

ㅎ変則：語幹が ㅎ で終わる用言の一部

（パッチム ㅎ が取れて ㅐ요）

어떻다 どうだ → 어때요　　　　그렇다 そうだ → 그래요

上記のような不規則変化ではなく、規則的に活用するものもあります。

받다 もらう → 받아요　　　　닫다 閉める → 닫아요

믿다 信じる → 믿어요　　　　입다 着る → 입어요

좁다 狭い → 좁아요　　　　좋다 良い → 좋아요

Advice 複雑に感じるでしょうが、練習しながら慣れましょう。

바지가 커요.	ズボンが大きいです。
가족한테 편지를 써요.	家族に手紙を書きます。
한국 노래를 불러요.	韓国の歌を歌います。
라디오로 뉴스를 들어요.	ラジオでニュースを聞きます。
공원이나 걸어요.	公園でも歩きましょう。
일본 음식은 안 매워요.	日本の食べ物は辛くありません。
질문이 어려워요.	質問が難しいです。
병이 나아요.	病気が治ります。
유학 생활은 어때요?	留学生活はどうですか。
옷을 입어요.	服を着ます。

2. -세요 ～てください　　-지 마세요 ～ないでください

動詞の語幹の末に パッチムがなければ -세요　あれば -으세요

푹 쉬세요.	ゆっくり(ゆったり)休んでください。
의자에 앉으세요.	椅子にお座りください。
여기서 사진을 찍지 마세요.	ここで写真を撮らないでください。
혼자서 가지 마세요.	1人で行かないでください。
아직 열지 마세요.	まだ開けないでください。

▶먹다(食べる) 마시다(飲む) (먹으세요 마시세요 は使わない)

많이 드세요.　　たくさん召し上がってください。

- -세요も不規則な変化があります。 들다 → 드세요

すぐに使える表現・あいさつ

배가 / 이가 / 다리가 아파요. お腹が / 歯が / 脚が 痛いです。

배(가) 고파요.	お腹が空きました。	고프다 (お腹が)空く
목(이) 말라요.	のどが渇きました。	마르다 (のどが)渇く
항상 건강하세요.	いつもご健康で (健康になさってください)	
감기 조심하세요.	風邪にご用心ください。	조심 [操心] 用心すること
연락을 잊지 마세요.	連絡を忘れないでください。	잊다 忘れる

Challenge

16-6

置き換え練習 ____部分を置き換えて練習しましょう。 ※不規則変化に注意しましょう。

① Q：내일은 추워요?　　A：네, 추워요.

여기서 가깝다	가깝다 近い
꽃이 예쁘다	꽃 花　예쁘다 きれいだ
학교까지 걷다	걷다 歩く
버스가 빠르다	버스 バス　빠르다 速い

② Q：오늘은 더워요?　　A：아니요, 안 더워요.

이 김치는 맵다	맵다 辛い
한국어는 어렵다	어렵다 難しい
지금 바쁘다	바쁘다 忙しい
일본 노래를 부르다	노래 歌　부르다 歌う

聞き取り練習 音声を聞いて、(　　) に文字を書きましょう。 16-7

① A：영어로 (　　　　　　　　)?

B：아니요, 영어로는 (　　　　　　　　　　).

② A：오늘은 날씨가 (　　　　　　　　　　)？

B：아니요，(　　　　　　　　　　　　　)．

③ A：어디가 (　　　　　　　　　　)？

B：배가 많이 (　　　　　　　　　　　)．　　　　많이 とても

書く練習

Ⅰ. カジュアルな丁寧語で書きましょう。

① このホテルは大きいです。　　　　호텔 ホテル　크다 大きい

____

② 目が痛いです。　　　　눈 目　아프다 痛い

____

③ このキムチは辛いです。　　　　맵다 辛い

____

④ 電話番号を知りません。　　　　번호 [番号]　모르다 知らない

____

Ⅱ. カジュアルな丁寧語で、質問に答えましょう。

① 한국 노래를 듣습니까?

____

② 학교는 집에서 가깝습니까?

____

③ 지금 배가 고픕니까?　　　　고프다 (お腹が)空く

____

Ⅲ.〈不規則変化の練習〉表に書いて練習しましょう

基本形	意味	カジュアルな丁寧形	辞書形	意味	カジュアルな丁寧形
①춥다	寒い	추워요	②덥다	暑い	
③가깝다	近い		④싱겁다	水っぽい	
⑤맵다	辛い		⑥쓰다	書く(他)	
⑦바쁘다	忙しい		⑧크다	大きい	
⑨예쁘다	きれいだ		⑩나쁘다	悪い	
⑪마르다	かわく		⑫기쁘다	嬉しい	
⑬부르다	歌う		⑭다르다	異なる	
⑮모르다	知らない		⑯듣다	聞く	
⑰빠르다	速い		⑱묻다	尋ねる	
⑲걷다	歩く		⑳닫다 △	閉める	
㉑입다 △	着る		㉒믿다 △	信じる	
㉓받다 △	もらう		㉔좁다 △	狭い	

△印は不規則変化せずに活用する

Column 韓服

「한복」は韓国の伝統衣装の総称です。みなさんがご存知のチマチョゴリ(치마 저고리)は韓服の一種であり、치마は下衣(スカート)、 저고리は上衣の意味で、男性のものはパジチョゴリ(바지 저고리)といいます。

昔は韓服を着用する色で既婚・未婚をあらわしたり、年齢層によって着る色が決まっていた時期もあったようですが、現代ではそのような風習もなくなりました。現在は結婚式の時に、新郎の母親は緑や青色を、新婦の母親は赤やピンクを着るなどの習慣があるようです。

日本と同様に、以前に比べ韓服を着る機会が減り、설날(お正月)、추석(秋夕-旧暦のお盆)、結婚式などでしか着ることがなくなってきました。1980年代後半から개량한복(改良韓服)が登場しましたが、当時はデザインなども洗練されていなかったため、あまり支持されませんでした。その後、女性団体などがキャンペーンを行った結果、現在では생활한복(生活韓服)と呼ばれ、既存の韓服よりも치마の長さが短くなったり、レースや柄があしらわれるなど、活動的でおしゃれなものも手に入れられるようになりました。

韓国政府は1996年から、10月21日を「한복의 날」(韓服の日)としました。この日はソウルの경복궁(慶福宮)、덕수궁(徳寿宮)などの古宮では、韓服を着て行くと入場料が無料になり、韓服のレンタルもできます。みなさんもソウルに行く機会があれば、一度、韓服を着てみてはいかがでしょう。

第17課　お土産を買いたいです

17-1

(사키와 지훈 어머니가 지하철 4호선을 탑니다. 그리고 회현역에서 내립니다.)

사키　남대문시장은 처음이에요. 아주 재미있어요.

어머니　여기는 신발, 백, 액세서리, 티셔츠 다 있어요.

물건이 백화점보다 싸요.

사키　저는 선물을 찾고 있어요. 뭘 사면 좋아요?

어머니　글쎄요. 가족 분한테 김이나 유자차는 어때요?

사키　네, 친구 선물도 사고 싶어요.

(沙希と智勲の母が地下鉄4号線に乗ります。そして会賢駅で降ります)

沙希：南大門市場は初めてです。とてもおもしろいです。

母：ここは靴、バッグ、アクセサリー、Tシャツ…　全部(何でも)あります。

品物がデパートより安いです。

沙希：私はお土産を探しています。何を買えばいいですか。

母：そうですね。家族の方には海苔や柚子茶はどうですか。

沙希：はい、友だちのお土産も買いたいです。

単語 단어

17-2

타다 乗る　　내리다 降りる、下る　　역 [駅]　　처음 初めて、最初

남대문 [南大門]　　시장 [市場]　　신발 くつ、履物　　백 バッグ

액세서리 アクセサリー　　다 全部　　물건 [物件] 品物　　작년 [昨年]

선물 [膳物] 贈り物、お土産　　※ 토산품 [土産品] 特産品、民芸品

찾다 探す　　글쎄요 そうですね(何かを考えるとき)　　김 海苔

유자차 [柚子茶]　　동영상 [動映像] 動画　　일 仕事、こと

바다 海　　산 [山]　　서예 [書芸]　　불 火　　야채 [野菜]

고기 肉　　소고기 牛肉　　돼지고기 豚肉　　닭고기 鶏肉

▶ 시장 [市場]　ソウルには南大門のほかに 동대문시장[東大門市場]をはじめ市場がたくさんあります。

発音 발음

17-3

읽고 있어요 → 익꼬(일꼬) 이써요 濃音化　　작년 → 장년 鼻音化

文法・文型

1. -고 있다　動詞の語幹に続き、動作の進行・継続を表す　～ている

▶ パッチムの有無にかかわらず、全ての動詞に続きます。

남동생이 동영상을 보고 있어요.　弟が動画を見ています。

어머니가 저를 부르고 있어요.　母がわたしを呼んでいます。

지금 뭘 읽고 있어요?　今、何を読んでいますか。

작년부터 한국에 살고 있습니다.　去年から韓国に住んでいます。

▶ 動作の進行は 第14課で学んだ -아요/어요 でも表現できます。

학교에서 서예를 배워요.　学校で書芸 (書道) を学んでいます。

누나는 요코하마에서 일해요.　姉は横浜で仕事しています。

2. -고 싶다　動詞の語幹に続き、希望・願望を表す　～たい

▶ パッチムの有無にかかわらず、全ての動詞に続きます。

불고기를 먹고 싶어요.　プルコギ(焼き肉)が食べたいです。

어떤 일을 하고 싶어요?　どんな仕事がしたいですか。

바다에 가고 싶어요? 산에 가고 싶어요?

　海に行きたいですか。山に行きたいですか。

컴퓨터를 사고 싶어요.　パソコンが欲しい(買いたい)です。

Advice

韓国語には「欲しい」に当たる単語がないので、上記のように表現します。

また日本語とは異なり、助詞は「를/을 ～を」で表します。

한국어를 공부하고 싶어요.　韓国語を/が勉強したいです。

▶ 希望の否定の表現　-고 싶지 않아요　～たくないです

　야채를 먹고 싶지 않아요.　野菜を食べたくないです。

すぐに使える表現・あいさつ

뭘 먹고 싶어요?	何が食べたいですか。
화장실에 가고 싶어요.	化粧室に行きたいです。
예약을 하고 싶어요.	予約をしたいです。
시간이 있으면 만나고 싶어요.	時間があれば会いたいです。
지금 뭘 하고 있어요?	今、何をしていますか。
친구랑 식사를 하고 있어요.	友だちと食事をしています。

Challenge

17-4

置き換え練習　＿＿部分を置き換えて練習しましょう。

① Q：지금 뭘 하고 있어요?　　A：편지를 쓰고 있어요.

영화를 보다	버스를 기다리다
요리를 만들다	신문을 읽다

② Q：지금 뭘 하고 싶어요?　　　　A：커피를 마시고 싶어요.

전화를 하다　　　　　　　　　친구를 만나다

드라마를 보다　　　　　　　　뉴스를 듣다

③ Q：지금 밥을 먹고 싶어요?　　A：아니요, 먹고 싶지 않아요.

운동을 하다　　　　　　　　　선물을 사다

사진을 찍다　　　　　　　　　창문을 열다

聞き取り練習　音声を聞いて、(　　)に文字を書きましょう。　17-5

① A：한국에 (　　　　　　　　　)?

B：네, 한국 음식도 (　　　　　　　　　).

② A：지금 무엇을 (　　　　　　　　　)?

B：(　　　　　　　　　) 에서 숙제를 해요.

③ A：한국 음악을 (　　　　　　　　　)?

B：네, 동영상도 (　　　　　　　　　).

書く練習

Ⅰ. 韓国語で書きましょう。

① 弟は中学校に通っています。　　중학교[中学校]　다니다 通う

---

② 母は雑誌を読んでいます。　　잡지 [雑誌]

---

③ 体育館でダンスをしています。　　체육관 [体育館]　댄스 ダンス

---

④ 部屋を掃除したいです。　　방 [房] 部屋　청소 [清掃]

---

⑤ コンビニで傘を買いたいです。　　편의점 [便宜店] コンビニ　우산 [雨傘]

⑥ テコンドーを学びたいです。　　태권도 [跆拳道]

Ⅱ. 質問に答えましょう。

① 매일 아침 뭘 먹고 있어요?　　매일 [毎日] 아침 朝

② 지금 어디서 한국어를 배우고 있어요?

③ 한국에 가고 싶어요?　어디로 가고 싶어요?　　어디로 どこへ (p.146参照)

④ 돈이 있으면 뭘 사고 싶어요?　　돈 お金

Ⅲ. 日本語に訳しましょう。

저는 한국 노래를 듣고 있어요. 드라마도 재미있어요.
그리고 한국 음식을 아주 좋아해요. 고기도 야채도 많이 먹고 싶어요.
겨울 방학에 서울에 한 번 가고 싶어요.

겨울 방학 冬休み　　한 번 一度

Column　年中行事と食文化

年中行事と食べ物は密接な関係がありますが、日本と似たような行事であっても、その風習は日韓両国では異っています。いくつか紹介しましょう。

정월［正月］대보름　－　陰暦1月15日

1月15日の朝早くに、くるみ、ピーナッツ、松の実など殻があるものをそのまま歯で噛んで食べ、1年間の健康を願います。とくに歯が丈夫になり、腫物・吹き出物などができないといわれています。また夜には 귀밝이술というお酒を飲みます。귀 밝다とは耳がいい、耳が早いとの意味で、このお酒を飲むと耳がよくなると言われています。

복［伏］날　－　土用の丑の日

복날とは7月から8月にかけての 초복［初伏］중복［中伏］말복［末伏］の 삼복［三伏］を指し3日間あります。韓国では「三伏の日に 삼계탕[参鶏湯]を食べると健康に良い」とされ、サムゲタン専門店に行列ができます。サムゲタンは鶏の腹の部分にもち米、高麗人参、ナツメ、栗、松の実、にんにくなどを入れて煮込んだ料理です。日本人がうなぎを食べるように、夏バテなどの疲労回復や滋養強壮に効果があると言われます。日本人にもよく知られており、人気がある料理の一つです。辛い料理が苦手な方におすすめです。

동지　－　［冬至］

日本では冬至にかぼちゃを食べたり、柚子湯に入る習慣があります。韓国では冬至には팥죽（あずき粥）を食べます。あずきの赤い色が 귀신［鬼神］－ 邪気や疫病などを追い払ってくれると信じるからです。粥の中にもち米の粉で小さい団子状に丸めて作った새알심を歳の数だけ入れて食べます。

参鶏湯

あずき粥

第18課　一緒に行きましょうか

18-1

선배　지금 뭘 하고 있어요?

사키　예약을 하고 있어요. 그런데 잘 안 돼요.

선배　제가 같이 할까요?

사키　이 뮤지컬은 인기가 대단해요.

선배　배우들이 아주 유명해요. 저도 팬이에요.

사키　시간이 있으면, 첫날에 같이 갈까요?

선배　그럼, 토요일 밤 공연을 두 장 예약합시다.

先輩:今、何をしてるのですか。

沙希:予約をしています。ところが上手くできないんです。

先輩:私が一緒にしましょうか。

沙希:このミュージカルは人気がすごいです。

先輩:俳優(達)がとても有名です。私もファンです。

沙希:時間があれば、初日に一緒に行きませんか。

先輩:では、土曜日の夜の公演を2枚予約しましょう。

単語 단어

18-2

예약 [予約]　　그런데 ところが、さて　　제가 私が

안 되다 上手くいかない　　※ 안 되 + 어요 → 안 돼요

인기 [人気]　　대단하다 ものすごい、すばらしい　　들 -達　　팬 ファン

첫날 初日　　밤 夜　　공연 [公演]　　시키다 注文する、させる

発音 발음

18-3

인기 → 인끼　濃音化　　첫날 → 천날　鼻音化

文法・文型

1. -ㄹ / 을까요?　動詞の語幹に続き、相手の意思をたずねる
〜ましょうか / ませんか

パッチムがなければ　-ㄹ까요?　　パッチムがあれば　-을까요?

여름에는 유럽으로 갈까요?　夏にはヨーロッパへ行きましょうか。

▶ 助詞　-로 / 으로　〜へ（方向を表す）

비빔밥이나 먹을까요?　ビビンバでも食べましょうか。

▶ 不規則な変化があります。

만들다 作る → 만들까요　　열다 開ける → 열까요

듣다 聞く → 들을까요　　걷다 歩く → 걸을까요

과자를 같이 만들까요?　お菓子を一緒に作りましょうか。

문을 열까요?　戸を開けましょうか。

계획을 들을까요?　計画を聞きましょうか。

역까지 걸을까요?　駅まで歩きましょうか。

▶ 疑問・推量も表現します。　〜でしょうか、かしら

내일 눈이 올까요?　明日雪が降るでしょうか。

부장님은 지금 바쁠까요?　部長は今、忙しいでしょうか。

지훈 씨는 집에 없을까요?　智勲さんは家にいないでしょうか。

2. -ㅂ / 읍시다　動詞の語幹に続き、勧誘を表す　～ましょう

パッチムがなければ　-ㅂ시다　　パッチムがあれば　-읍시다

내일 또 만납시다.　明日、また会いましょう。

한국어로 편지를 씁시다.　韓国語で手紙を書きましょう。

다 같이 사진을 찍읍시다.　みんな一緒に写真を撮りましょう。

▶ 不規則な変化があります。

만들다 作る → 만듭시다　　열다 開ける → 엽시다

듣다 聞く → 들읍시다　　걷다 歩く → 걸읍시다

깍두기를 만듭시다.　カクテギを作りましょう。

창문을 엽시다.　窓を開けましょう。

설명을 들읍시다.　説明を聞きましょう。

천천히 걸읍시다.　ゆっくりと歩きましょう。

▶ -ㅂ / 읍시다 はフォーマルな丁寧語です。

カジュアルな丁寧語は　-아요 / 어요 の文型で表現します。

내일 또 만나요.　明日、また会いましょう。

한국어로 편지를 써요.　韓国語で手紙を書きましょう。

다 같이 사진을 찍어요.　みんな一緒に写真を撮りましょう。

すぐに使える表現・あいさつ

어디서 만날까요?　どこで会いましょうか。

먹을까요?	살까요?	내릴까요?
食べましょうか。	買いましょうか。	降りましょうか。

뭘 시킬까요?　何を注文しましょうか。

자, 모두 건배합시다.　さあ、みんなで乾杯しましょう。

빨리 갑시다.　早く行きましょう。

다음 역에서 내립시다.　次の駅で降りましょう。

그렇게 합시다.　そうしましょう。

Challenge

18-4

置き換え練習　＿＿部分を置き換えて練習しましょう。　※不規則変化に注意しましょう

① Q：숙제를 할까요?　　A：네, 같이 합시다.

시장에 가다	드라마를 보다
선물을 사다	친구를 기다리다
요리를 만들다	뉴스를 듣다

② Q：어디서 먹을까요?　　A：식당에서 먹읍시다.

친구를 만나다	커피숍 コーヒーショップ	
약을 사다	저 약국	약국［薬局］
지하철을 내리다	서울역	역［駅］
댄스를 연습하다	체육관 앞	체육관［体育館］
짐을 보내다	우체국［郵遞局］郵便局	

聞き取り練習　音声を聞いて、（　　）に文字を書きましょう。　18-5

① A：오늘 연습을 (　　　　　　　　)?　　연습［練習］

B：네, 같이 (　　　　　　　　).

② A：도서관에서 무엇을 (　　　　　　　　)?

B：소설 책하고 잡지를 (　　　　　　　　).

③ A：저녁은 뭘 (　　　　　　　　)?　　저녁 夕飯

B：볶음밥을 (　　　　　　　　).　　볶음밥 炒飯

④ A：누구한테 (　　　　　　　　)?　　누구 だれ

B：학교 선배한테 (　　　　　　　　).

書く練習

Ⅰ. 例のように「ㅂ시다 / 읍시다　～ましょう」の文型で書きましょう。

例 학교에 가다　学校に行く　→　학교에 갑시다.

① 역 앞에서 버스를 타다　　駅前でバスに乗る

② 방에서 노래를 부르다　　部屋で歌を歌う

③ 교과서를 같이 읽다　　教科書を一緒に読む

④ 공원에서 놀다　　公園で遊ぶ

⑤ 시장에서 한복을 만들다　　市場で韓服を作る

Ⅱ. 韓国語で書きましょう。

① 椅子に座りましょう。　　의자 [椅子]　앉다 座る

② 土曜日に美術館に行きませんか。　　미술관 [美術館]

③ 時間があれば会いましょう。　　(으)면 ～ば

④ 体の具合が悪ければ病院に行きましょう。　　몸이 아프다 体の具合が悪い

Ⅲ. 表に書いて練習しましょう。

① 가다	行く	갈까요?	갑시다
② 사다	買う		
③ 만나다	会う		
④ 보다	見る		
⑤ 마시다	飲む		
⑥ 쓰다	書く、使う		
⑦ 부르다	歌う、呼ぶ		
⑧ 시키다	注文する、させる		
⑨ 기다리다	待つ		
⑩ 읽다	読む		
⑪ 먹다	食べる		
⑫ 찍다	撮る		
⑬ 부탁하다	お願いする		
⑭ 열다 △	開ける		
⑮ 만들다△	作る		
⑯ 듣다 △	聞く		

△は不規則な変化

復習　第16課～第18課

I. (　　)に入る言葉を下から選び、カジュアルな丁寧形で書きましょう。

例 한국에 (　가요　).　　※ 1つ1回

① 이 요리는 안 (　　　　　　　).　　요리 料理

② 그 가방이 (　　　　　　　).　　가방 かばん

③ 저도 한복을 (　　　　　　　).　　한복 韓服

④ 친구한테 편지를 (　　　　　　　).　　편지 手紙

⑤ 일본 노래를 (　　　　　　　).　　노래 歌

가다 / 부르다 / 입다 / 맵다 / 쓰다 / 크다

II. 次の文には1つ誤りがあります。(　　)に正しく書きましょう。

例 저는 대학생 입니다.　　(　입니다　　　　　　)

① 지금 뉴스를 듣어요.　　(　　　　　　　　)

② 밥을 많이 먹으세요.　　(　　　　　　　　)

③ 서울으로 가고 싶어요.　　(　　　　　　　　)

④ 김치를 만들을까요?　　(　　　　　　　　)

III. (　　)に入る言葉を下から選び書きましょう。　　※ 1つ1回

① 외국 생활은 (　　　　　)?　　외국 [外国] 생활 [生活]

② 한시에 만납시다.　네, (　　　　　) 합시다.

③ 여기서 내리지 (　　　　　).

④ 지금 교실에서 공부하고 (　　　　　).

⑤ 한국 친구를 소개(　　　　　)?　　소개 [紹介]

마세요 / 그렇게 / 할까요 / 있어요 / 어때요

Column 韓国のことわざ

ことわざ（諺）は長い歳月の中で生まれ使われるので、風習や文化などを表しています。韓国と日本では同じように使われるものも多くありますが、ここで韓国語のことわざ(속담[俗談])をいくつか紹介しましょう。

イロハのイの字も知らない：낫 놓고 ㄱ자도 모른다

（直訳）鎌を(横に)置いても、ㄱの字も分からない

売り言葉に買い言葉：가는 말이 고와야 오는 말이 곱다

（直訳）行く言葉が美しいと来る言葉も美しい

トンビが鷹を生む：개천에서 용 난다　（直訳）どぶから龍が出る

花より団子：금강산도 식후경　（直訳）金剛山も食後の見物

壁に耳あり、障子に目あり：낮 말은 새가 듣고 밤 말은 쥐가 듣는다

（直訳）昼の言葉は鳥が聞いて、夜の言葉はネズミが聞く

鬼に金棒：범에게 날개　（直訳）虎に翼

夫婦喧嘩は犬も食わぬ：부부싸움은 칼로 물베기

（直訳）夫婦喧嘩は刀で水を切ること

朝飯前：누워서 떡 먹기　（直訳）寝て餅を食べる

山椒は小粒でもぴりりと辛い：작은 고추가 더 맵다

（直訳）小さい唐辛子がもっと辛い

第19課　写真を撮りました

19-1

지훈　**친구가 한국에 놀러왔어요?**

사키　**네, 일본 대학이 여름방학이었어요.**

지훈　**친구랑 어디를 구경했어요?**

사키　**홍대앞에 갔어요. 갤러리, 미술관이 있었어요.**

사진도 많이 찍었어요.

(사키의 일기)　　9월 3일 (맑음)

아침부터 날씨가 좋았다. 일본의 친구가 한국에 놀러왔다.
친구랑 홍대앞에 갔다왔다. 미술관하고 갤러리를 구경했다.
사진을 많이 찍었다. 길거리 음식도 맛있었다. 아주 즐거웠다.

智勲：友だちが韓国に遊びに来たんですか。

沙希：はい、日本の大学が夏休みでした。

智勲：友だちとどこを見物しましたか。

沙希：弘大前に行きました。ギャラリー、美術館がありました。
写真もたくさん撮りました。

(沙希の日記)　9月3日(晴れ)
朝から天気が良かった。日本の友だちが韓国に遊びに来た。
友だちと弘大前に行ってきた。美術館とギャラリーを見学した。
写真をたくさん撮った。屋台の食べ物もおいしかった。とても楽しかった。

19-2

単語 단어

놀러오다 遊びに来る　구경하다 見物する、観覧する　갤러리 ギャラリー

미술관［美術館］　갔다오다 行ってくる　일기［日記］

맑음 晴れ　※ 비 雨　흐림 曇り　눈 雪　바람 風

길거리 通り、路上　※ 길거리 음식 屋台などで売っている食べ物

홍대앞［弘大−］ソウルの弘益大学周辺の繁華街、学生や観光客が多く訪れる

文法・文型

1. −았 / 었　用言（動詞・形容詞）の過去形　～ました/でした

動詞・形容詞の過去形は、第14課で学習した「カジュアルな丁寧形」の作り方と似ています。
単語の語幹の末(−다の直前)の母音によりちがいます。(第14課を確認しましょう)

動詞・形容詞の過去形の作り方

> 語幹の末の母音が
>
> ① ㅏ / ㅗ の場合　았
>
> ② ㅏ / ㅗ 以外の場合　었 をつけます

① 語幹の末の母音が ㅏ / ㅗ の場合 — 語幹に 았 をつける

	普通形(−た)	カジュアル	フォーマル
받(다)：받 + 았 ⇒	받았다 /	받았어요 /	받았습니다
좋(디)：좋 + 있 ⇒	좋았다 /	좋았어요 /	좋았습니다

パッチムがない場合

가(다)：가 + 았 ⇒	갔다 /	갔어요 /	갔습니다
오(다)：오 + 았 ⇒	왔다 /	왔어요 /	왔습니다

친구한테서 편지를 받았습니다.	友だちから手紙をもらいました。
어제 날씨가 좋았어요.	昨日、天気が良かったです。
호텔 방이 아주 좁았어요.	ホテルの部屋がとても狭かったです。
어제 누구를 만났어요?	昨日誰に会いましたか。

② 語幹の末の母音が ㅏ / ㅗ 以外の場合 ― 語幹に 었 をつける

	普通形(-た)	カジュアル	フォーマル
읽(다) : 읽 + 었 ⇒	읽었다 /	읽었어요 /	읽었습니다
멀(다) : 멀 + 었 ⇒	멀었다 /	멀었어요 /	멀었습니다

パッチムがない場合

마시(다) : 마시 + 었 ⇒	마셨다 /	마셨어요 /	마셨습니다
서(다) : 서 + 었 ⇒	섰다 /	섰어요 /	섰습니다

역사 책을 읽었습니다.	歴史の本を読みました。
역에서 조금 멀었어요.	駅から少し遠かったです。
어디에 있었습니까?	どこにいましたか / ありましたか。
한국 전통차를 마셨어요.	韓国の伝統茶を飲みました。

③ 하다用言の場合 ― 語幹に 였 をつける

	普通形(-た)	カジュアル	フォーマル
하(다) : 하 + 였 ⇒	했다 /	했어요 /	했습니다

주말에 뭘 했어요?	週末に何をしましたか。
도서관에서 공부했어요.	図書館で勉強しました。
남동생한테 연락했습니다.	弟に連絡しました。
일요일은 따뜻했습니다.	日曜日は暖かかったです。

▶ 用言の過去形には不規則な変化があります。

Advice　(해)요体と同じように作ります。(第16課を参照)

語幹の音によって種類があります

〈ㅂ変則〉 パッチム ㅂ がとれて 웠 をつける

暑い 덥다 → 더웠다
寒い 춥다 → 추웠다

辛い 맵다 → 매웠다
近い 가깝다 → 가까웠다

〈ㄷ変則〉 パッチム ㄷ が ㄹ になり 었 をつける

聞く 듣다 → 들었다
歩く 걷다 → 걸었다

問う、たずねる 묻다 → 물었다

〈르変則〉 ㄹ を重ねる

▶ 르の前の母音が ㅏ / ㅗ の時 → ㄹ랐다

ㅏ / ㅗ 以外 → ㄹ렀다

速い 빠르다 → 빨랐다
知らない 모르다 → 몰랐다

歌う、呼ぶ 부르다 → 불렀다
流れる 흐르다 → 흘렀다

〈으変則〉 母音 ㅡ が ㅏ / ㅓ になり ㅆ をつける

忙しい 바쁘다 → 바빴다
悪い 나쁘다 → 나빴다

痛い 아프다 → 아팠다
大きい 크다 → 컸다

書く、使う 쓰다 → 썼다
かわいい 예쁘다 → 예뻤다

▶ 不規則変化しない場合もある ①②の規則通りに活用します

閉める 닫다 → 닫았다
受ける 받다 → 받았다

着る 입다 → 입었다
信じる 믿다 → 믿었다

김치가 매웠어요. キムチが辛かったです。

그 뉴스를 들었습니다. そのニュースを聞きました。

많이 걸었어요. たくさん歩きました。

한국 노래도 불렀어요. 韓国の歌も歌いました。

지난 주는 바빴습니다. 先週は忙しかったです。

▶ 否定形は用言の前に 안 をつける、後ろに −지 않− をつける形があります。

아침밥을 안 먹었어요.　　朝ごはんを食べませんでした。

서울은 안 더웠습니다.　　ソウルは暑くありませんでした。

어제는 눈이 오지 않았어요.　　昨日は雪が降りませんでした。

▶ カジュアルな丁寧形と過去形を確認しましょう。(活用の形が似ています)

	カジュアルな丁寧形	過去形	する	해요	했어요
ある/ いる	있어요	있었어요	寒い	추워요	추웠어요
ない/ いない	없어요	없었어요	大きい	커요	컸어요
行く	가요	갔어요	速い	빨라요	빨랐어요
来る	와요	왔어요	かわいい	예뻐요	예뻤어요
歩く	걸어요	걸었어요	忙しい	바빠요	바빴어요

2. -였 / 이었　体言(名詞)の過去形　～でした

パッチムがなければ　-였　　パッチムがあれば　-이었

우리 아버지는 교사였어요.　　うちの父は教師でした。

누나는 작년까지 회사원이었습니다.　　姉は去年まで会社員でした。

すぐに使える表現・あいさつ

어제 뭘 했어요?　　昨日何をしましたか。

뭘 먹었어요? / 샀어요?　　何を食べましたか。/ 買いましたか。

누구를 만났어요?　　だれに会いましたか。

언제 도착했습니까?　　いつ到着しましたか。

아주 즐거웠습니다.　　とても楽しかったです。

맛있었어요.　　おいしかったです。

Challenge

19-3

置き換え練習　＿＿部分を置き換えて練習しましょう。　※不規則変化に注意しましょう

① Q：오늘 뭘 했어요?　　A：영화를 봤어요.

　가방을 사다　　학교에 갔다오다

　요리를 만들다　　운동을 하다

② Q：어디서 밥을 먹었습니까?　　A：식당에서 먹었습니다.

　모자를 사다　　남대문시장에서

　친구를 만나다　　도서관에서

　지하철을 내리다　　명동 역에서　　명동［明洞］

　한국어를 배우다　　대학 수업에서

③ Q：커피를 마셨어요?　　A：아니요, 안 마셨어요.

　전화를 하다　　신문을 읽다

　창문을 열다　　아르바이트가 바쁘다

④ Q：밥을 먹었어요?　　A：아니요, 못 먹었어요.

　숙제를 하다　　사진을 찍다

　음악을 듣다　　편지를 쓰다

聞き取り練習　音声を聞いて、（　　）に文字を書きましょう。

19-4

① A：무엇을（　　　　　　　　）?

　B：비빔밥이에요. 아주（　　　　　　　　）.

② A：어디에（　　　　　　　　）?

　B：전주를（　　　　　　　　）.　　전주［全州］

③ A：한국 노래도（　　　　　　　　）?

　B：아니요, 잘（　　　　　　　　）.

書く練習

I. 韓国語で書きましょう。

① 2年前に家族（가족）と韓国に行きました。　　이 년 전 2年前

② 体育館(체육관)でダンスを練習しました。　　댄스 ダンス　연습 [練習]

③ 今日はたくさん歩きました。　　많이 たくさん　걷다 歩く

④ 警察官(경찰관)に道をたずねました。　　길 道　묻다 尋ねる

II. 質問に答えましょう。

① 오늘 아침에 몇 시에 일어났어요?　　아침 朝　일어나다 起きる

② 점심은 뭘 먹었어요?　　점심 [点心] 昼ごはん

③ 한국 드라마를 봤습니까?　　드라마 ドラマ

④ 지난 주 일요일에 무엇을 했습니까?　　지난 주 先週

Ⅲ. 表に書いて練習しましょう。

① 가다	行く	갔어요	갔습니다
② 사다	買う		
③ 만나다	会う		
④ 오다	来る		
⑤ 보다	見る		
⑥ 마시다	飲む		
⑦ 기다리다	待つ		
⑧ 읽다	読む		
⑨ 좋다	良い		
⑩ 먹다	食べる		
⑪ 만들다	作る		
⑫ 공부하다	勉強する		
⑬ 춥다 △	寒い		
⑭ 쓰다 △	書く、使う		
⑮ 듣다△	聞く		
⑯ 부르다 △	歌う、呼ぶ		

△は不規則な変化

第20課　また会いましょう

20-1

지훈 어머니　일본에 도착하면 꼭 연락해요.

사키　네, 알겠습니다. 그 동안 정말 감사합니다.

지훈　다음 달에 우리 어머니도 일본에 여행을 가요.

사키　어디로 가십니까?

지훈 어머니　오랜만에 온천에 가요.

사키　도쿄에 오시면 연락을 주세요.

지훈　또 만납시다. 잘 가요.

사키　그럼 돌아가겠습니다. 안녕히 계십시오.

智勲の母：日本に着いたら必ず連絡してくださいね。

沙希：はい、承知しました。これまで本当にありがとうございました。

智勲：来月うちの母も日本へ旅行に行くんです。

沙希：どこへ行かれますか。

智勲の母：久しぶりに温泉に行くんです。

沙希：東京に来られたら連絡をください。

智勲：また会いましょう。気をつけて(お元気で)。

沙希：では(日本に)戻ります。お元気でいらっしゃってください。

単語 단어

20-2

도착하다 [到着−] 着く　　꼭 きっと、必ず　　연락 [連絡]

그 동안 この/その間　　여행 [旅行]　　여행을 가다 旅行に行く

오랜만에 久しぶりに　　온천 [温泉]　　잘 よく、詳しく、無事に

돌아가다 帰る、戻る(戻っていく)、回る　　돌아오다 戻って来る

文法・文型

1. −(으)시　尊敬を表す　　お～になる / ～される

韓国語の尊敬の表現　用言の後に −(으)시 を付ける文型を学びましょう。

① パッチムがない場合 — 語幹に 시 をつける

가다 → 가시다 行かれる、いらっしゃる

가십니다 / 가세요(가셔요)　いらっしゃいます、行かれます

오다 → 오시다 来られる　　보다 → 보시다 ご覧になる、見られる

내리다 → 내리시다 お降りになる　　읽다 → 읽으시다 お読みになる

바쁘다 → 바쁘시다 お忙しい　　좋아하다 → 좋아하시다 お好きだ

편지를 쓰십니다.　　手紙を書かれます / お書きになります。

예약을 하십니까?　　予約をなさいますか。

지금 바쁘십니까?　　今、お忙しいですか。

고기는 무엇을 좋아하십니까?　　肉は何がお好きですか。

키가 아주 크십니다.　　背がとてもお高いですね。

▶ 께서(人間を表す体言について) 助詞 ～が (가/이) の尊敬語

また 는・도 などの前に付いて尊敬の意を表します。

아버님께서 연락하십니다.　　お父様がご連絡なさいます。

손님께서는 몇 시에 도착하십니까?　お客様は何時に到着されますか。

② パッチムがある場合 — 語幹に 으시 をつける

무엇을 읽으십니까?　何をお読みですか。
그 분은 성격이 좋으십니다.　その方は性格がよろしいです。
전화를 받으십니까?　電話をお受けになりますか。

Advice

▶ 먹다(食べる) 마시다(飲む) は −(으)시 の文型は使いません
먹으십니다　마시십니다 (×)
日本語のように別の敬語で表現します。
드십니다　잡수십니다 → 召し上がります
말씀하십니다 → おっしゃいます
계십니다 → いらっしゃいます　있다 (いる) の尊敬語
주무십니다 → お休みになります　자다 (寝る) の尊敬語

▶ 過去の表現は 語幹 + **(으)셨**

어디서 사셨어요?　どこでお買いになりましたか。
사진을 찍으셨습니까?　写真をお撮りになりましたか。

▶ 尊敬の表現 −(으)시 は不規則な変化があります。

〈ㅂ変則〉

暑い 덥다 → 더우십니다　近い 가깝다 → 가까우십니다

〈ㄷ変則〉

聞く 듣다 → 들으십니다　歩く 걷다 → 걸으십니다
그 뉴스를 들으십니다.　そのニュースを聞かれます。

〈ㄹ パッチム〉

住む、暮らす 살다 → 사십니다　遠い 멀다 → 머십니다
과자를 만드십니다.　お菓子をお作りになります。

2. −(이)시　体言(名詞)の尊敬　～でいらっしゃる

パッチムがなければ −시　パッチムがあれば −이시
아버님께서 소설가십니까?　お父様が(は)小説家でいらっしゃいますか。
경제학부 교수님이십니다.　経済学部の教授でいらっしゃいます。

3. -겠　意思・推量・控え目な表現など

가다 行く → 가겠다　　※パッチムの有無に関係ありません

가겠습니다 / 가겠어요　まいります、行くでしょう

① 話者の意思、相手の意思を確かめるとき

이 짐은 제가 들겠습니다.　　この荷物は私が持ちます(持つつもりです)。

잘 먹겠습니다.　　いただきます。

문을 닫겠습니다.　　(私が)ドアを閉めます。

곧 탑승 수속을 시작하겠습니다.　　まもなく搭乗手続きを始めます。

오늘 같이 가시겠어요?　　今日、一緒にいらっしゃいますか。

▶ 尊敬の -(으)시 と共に使うときは -(으)시 + 겠 の順で

② 推量(主体が第三者の時)

내일은 비가 오겠습니다.　　明日は雨が降るでしょう。

많이 피곤하시겠어요.　　大変お疲れでしょうね。

③ 控え目な表現　알다(知る、分かる)、모르다(知らない)などと使う

뭐 좀 물어보겠습니다.　　ちょっとお尋ねします。

네, 알겠습니다.　　はい、分かりました。

잘 모르겠습니다.　　よく、分かりません。

▶ 압니다 / 알아요 分かります　　모릅니다 / 몰라요 分かりません

겠 がないとぶっきらぼうに聞こえることがあるので気をつけましょう。

すぐに使える表現・あいさつ

안부 좀 전해 주세요.　　よろしくお伝えください。

안부 [安否]　　전하다 [伝-] 伝える　　해 주세요 ～してください

연락(전화, 예약)해 주세요.　連絡 (電話、予約) してください。

잘 알겠습니다.　　よく分かりました / 承知しました。

기다리겠습니다.　　お待ちし(てい)ます。

무엇을 드시겠습니까?　　何を召し上がりますか。

지금 어디에 계십니까?　　今、どこにいらっしゃいますか。

Challenge

20-3

置き換え練習　＿＿部分を置き換えて練習しましょう。　※不規則変化に注意しましょう

① 서울로 가다　→　서울로 가십니다.

일을 하다　　한식을 좋아하다　한식 [韓食]

사진을 찍다　　음악을 듣다

② Q: 한국에 가십니까?　A: 네, 갑니다.

모자를 사다　　일본 노래를 부르다

요리를 만들다　　운동을 안 하다

③ Q: 오늘 갑니까?　A: 네, 오늘 가겠습니다.

지금 준비를 하다　　편지를 쓰다

전화를 받다　　역 앞에서 기다리다

④ Q: 무엇을 하셨습니까?　A: 편지를 썼습니다.

어디서 사다　　백화점에서 사다

무엇을 타다　　고속버스를 타다

무엇을 보내다　　선물을 보내다

聞き取り練習　音声を聞いて、(　　) に文字を書きましょう。

20-4

① A: 내일 날씨가 (　　　　　　　　　)?

B: 내일은 (　　　　　　　　　).

② A: 눈이 (　　　　　　　　　)?

B: 네, 눈이 (　　　　　　　　　).

③ A: 언제 집에 (　　　　　　　　　)?

B: 여섯시 쯤 (　　　　　　　　　).

書く練習

I. 質問に答えましょう。

① 내일 비가 옵니까?　　비 雨

② 주말에 무엇을 하십니까?　　주말 [週末]

③ 한국 음식을 좋아하십니까?　　음식 [飲食] 食べ物、料理

④ 한국 드라마를 보시겠습니까?

II. 次の文を尊敬の表現で書きましょう。

① 아버지가 전화를 하다.

② 선생님이 한국어를 가르치다.

③ 그 사람이 내일 출발하다.　　출발 [出発]

④ 어머니가 커피를 마시다.

⑤ 손님이 사진을 찍었다.　　찍다 撮る

Ⅲ. 表に書いて練習しましょう。

① 가다	行く	가십니다	가겠습니다
② 사다	買う		
③ 오다	来る、降る		
④ 보다	見る		
⑤ 쓰다	書く、使う		
⑥ 부르다	歌う、呼ぶ		
⑦ 내리다	降りる		
⑧ 기다리다	待つ		
⑨ 가르치다	教える		
⑩ 부탁하다	お願いする		
⑪ 받다	受ける、もらう		
⑫ 읽다	読む		
⑬ 찍다	撮る		
⑭ 열다 △	開ける		
⑮ 만들다△	作る		
⑯ 듣다 △	聞く		

△は不規則な変化

Column 한국어 공부는 즐거웠습니까?

韓国語の学習は楽しかったですか。外国語を学ぶ楽しさを味わうことができたでしょうか。大学に入学して韓国語の学習を始めた方は、初めて見る文字と発音が複雑に感じたかも知れませんが、会話編からは学習が進んだのではないでしょうか。語学は次々と文型や単語が出てきますが、反復して身につけましょう。会話編の本文（会話文）の音声を聞いて、くり返して音読（声を出して練習）することをお勧めします。

このテキストでは韓国語の基礎から初級の内容を学びました。例えれば飛行機が滑走路から大空に飛び立った段階でしょうか。離陸してから音楽や食事を楽しむように、ここからはみなさんに合った学習方法を工夫しましょう。キャンパスで韓国人の留学生と出会う機会があれば、ぜひ声をかけてみましょう。また家族や友人と韓国を訪問しましょう。街を散策したり、書店で雑誌を見たり…。食事やカフェ、買い物も楽しみですね。きっと刺激を受けることでしょう。このテキストで学んだいろいろな場面の会話を実践してみましょう。

私たちは日韓両国の大学で教壇に立ちました。学生のみなさんが楽しそうに学ぶ姿にふれて、これからの隣国友好は若いみなさんに託されていると感じます。隣国友好といっても大上段に構えることはありません。お隣り同士の友人として親交をもつことでしょう。

지훈 씨, 오랜만이에요.　　智勲さん、久しぶりです。

히데키 씨, 잘 지내요?　　秀樹さん、元気ですか。

お互いの顔が見える近しい関係が隣国友好の確かな一歩になります。そのためにも相手の言葉を学ぶことが大切です。このテキストの最初のコラムで、「言葉を学ぶと人々の考え方や文化を知ることができ、自分の心が広がる」との留学生の話を紹介しました。この一言をあらためて噛みしめましょう。AIなど急速に変化する情報化社会にあって、翻訳や通訳ソフトの精度が向上しても、私たちが外国語を学ぶ意義は色褪せることはないでしょう。みなさんの韓国語の学習が進むことを心から願っています。

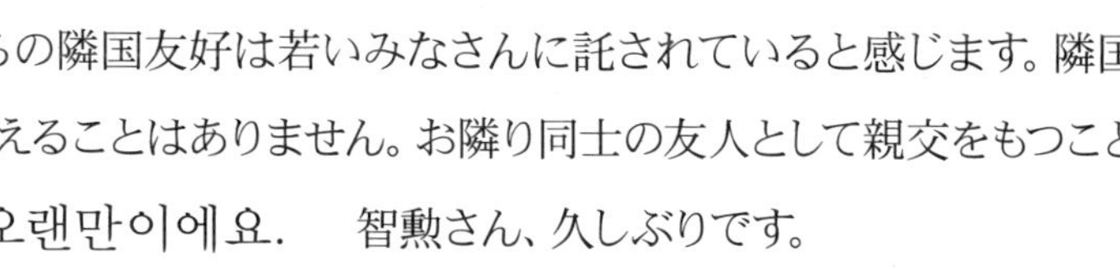

付録編

《会話編》 第7課～第20課　　説明や例文などで学ぶ語彙を掲載します。

第7課

미국 [美国] 米国　　중국 [中国]　　중국어 [中国語]　　유학생 [留学生]
중학생 [中学生]　　고등학생 [高等学生] 高校生　　대학생 [大学生]
고향 [故郷]　　신문 [新聞]　　동아리 仲間、サークル (서클)　　잡지 [雑誌]
학과 [学科]　　【学部】 국제 [国際]　　언어 [言語]　　법 [法]
이공 [理工]　　정보 [情報]　　의학 [医学]　　간호 [看護]
▶ 韓国では総合大学は 대학교 [大学校]　　서울대학교 ソウル大学
취미 [趣味]　　운동 [運動]　　음악 [音楽]　　영화 [映画]　　감상 [鑑賞]
독서 [読書]　　여행 [旅行]　　요리 [料理]　　노래 歌　　댄스 ダンス

第8課

선배 [先輩] ⇔ 후배 [後輩]　　할아버지 祖父　　할머니 祖母
세종대왕 [世宗大王]　　남자 친구 ボーイフレンド　　막내 末っ子
교수 [教授]　　제 私の　　휴대폰 / 핸드폰 携帯電話　　책상 [冊床] 机
의자 [椅子]　　연필 [鉛筆]　　볼펜 ボールペン　　컴퓨터 コンピュータ

第9課

그럼 それでは　　원 ウォン(韓国の貨幣単位)　　엔 円　　호실 [号室]
호차 [号車]　　【疑問語】 언제 いつ　　얼마 いくら　　몇 いくつ、何
며칠 (며친날の縮約形) 何日　　문제 [問題]　　모자 [帽子]　　교실 [教室]
중간 [中間]　　기말 [期末]　　상순 중순 하순 [上旬 中旬 下旬]
시계 [時計]　　빵 パン　　과자 [菓子]　　김치 キムチ　　방 [房] 部屋
비밀 [秘密]　　비밀번호 [秘密番号] パスワード

第10課

그런데 ところで　　【四季】 봄 春　　여름 夏　　가을 秋　　겨울 冬
차 [茶]　　커피 コーヒー　　(時間) －전 [前] ⇔ 후 [後]
만 だけ、ばかり　　양말 靴下　　숙제 [宿題]
시간 [時間]　　주스 ジュース　　카메라 カメラ　　페이지 ページ
【年】 올해/금년 [今年]　　작년 去年　　내년 [来年]

第11課

누구 だれ　　누가 だれ(が)　　냉장고 [冷蔵庫]　　집 家　　나무 木

고양이 ネコ　　무엇 / 뭐 何　　부산 [釜山]　　한일사전 [韓日辞典]

第12課

소설 [小説]　　–때 (の)時　　그래서 それで　　특히 [特-] とくに

같이 一緒に　　소개 [紹介]　　세탁 [洗濯]　　목욕 [沐浴] 入浴　　예약 [予約]

안내 [案内]　　약속 [約束]　　못하다 下手だ、できない　　잘 良く、あまり

필요하다 [必要–] 必要だ　　고속버스 [高速-] 高速バス　　조금 少し、ちょっと

방 [房] 部屋　　스포츠 スポーツ　　제일 [第一] 最も、一番

아주 とても　　드라마 ドラマ　　술 お酒　　교통 [交通]

숙제 [宿題]　　한식 [韓食] 韓国料理　　연습 [練習]　　청소 [清掃]

메일 メール　　택시 タクシー　　게임 ゲーム　　매일 [毎日]

가라오케 カラオケ　　【スポーツ】야구 [野球]　　축구 サッカー

배구 バレーボール　　농구 バスケットボール　　테니스 テニス

第13課

칼국수 カルグクス　　후배 [後輩]　　비 雨　　눈 雪　　날씨 天気

밤 夜　　제 私の (저의)　　시장 [市場]　　한복 [韓服] 韓国服

어느 どの　　잠깐 しばらくの間　　소포 [小包]　　헤드폰 ヘッドフォン

물 水　　많이 たくさん　　편지 [片紙 / 便紙] 手紙

第14課

전주 [全州] 全羅北道の道庁所在地　　한옥 [韓屋] 伝統的な建築様式の家屋

마을 村、里　　비빔밥 ビビンバ　　콩나물국밥 もやしクッパ

찾다 探す、(預金などを) 引き出す　　사진을 찍다 [写真]を撮る　　서다 立つ

꼭 必ず、ぜひ　　좀 더 もう少し　　갈비탕 [–湯] カルビスープ

설렁탕 [–湯] ソルロンタン　　카페 カフェ　　나다 出る、発生する

휴게실 [休憩室]　　카드 カード　　모자 [帽子]　　그래서 それで、だから

【乗り物】버스 バス　　전철 [電鉄] 電車　　지하철 [地下鉄]　　자전거 自転車

【韓国料理】떡볶이 トッポギ　　김밥 キンパ(海苔巻き)　　라면 ラーメン

【場所】영화관 [映画館]　　본가 [本家] 実家　　친구 집 友人の家

第15課

사이 間　그리고 そして　옷 服　점심 [点心] 昼食　청소 [清掃]
요즘 このごろ、最近　일기 [日記]　연락 [連絡]　PC パソコン
【時間帯】아침 朝　낮 昼　저녁 夕方　밤 夜　밥 ご飯
너무 あまりに　부탁하다 [付託-] お願いする　선물 [膳物] プレゼント
빌리다 借りる　구두 靴

第16課

나오다 出る　거의 ほとんど　기쁘다 嬉しい　묻다 問う、たずねる
무겁다 重い　가볍다 軽い　낫다 治る　짓다 つくる、建てる
어때요? どうですか　그래요 / 그래요? そうです / そうですか
믿다 信じる　좁다 狭い ⇔ 넓다 広い　바지 ズボン
라디오 ラジオ　뉴스 ニュース　공원 [公園]　병 [病] 病気
푹 深く、十分に　쉬다 休む　혼자서 一人で　아직 まだ
고프다 (お腹が)空く　마르다 (のどが)渇く　항상 [恒常] いつも　꽃 花
잊다 忘れる　예쁘다 かわいい　다르다 異なる　싱겁다 水っぽい
【日にち】그제 / 그저께 一昨日　오늘 今日　내일 明日

第17課

티셔츠 Tシャツ　재미있다 面白い　창문 [窓門] 窓　다니다 通う
【学校】초등학교 [初等学校] 小学校　중학교 [中学校]　고등학교 [高等学校]
돈 お金　한 번 [-番] 一度　【朝食】빵 パン　밥 ご飯　과일 果物
우유 [牛乳]　시리얼 シリアル

第18課

배우 [俳優]　유럽 ヨーロッパ　문 [門] 戸、ドア　계획 [計画]
부장 [部長]　깍두기 カクテギ　설명 [説明]　천천히 ゆっくりと
시키다 させる、注文する　건배 [乾杯]　빨리 早く、急いで　다음 次の
역 [駅]　그렇게 そう、そのように　약 [薬]　지하철 [地下鉄]
짐 荷物　우체국 [郵遞局] 郵便局　몸이 아프다 体の具合が悪い

第19課

전통차 [伝統茶]　흐르다 流れる　교사 [教師]
【週】지난 주 [-週] 先週　이번 주 今週　다음 주 来週
도착하다 [到着-]　즐겁다 楽しい

第20課

키 背 (키가 크다 背が高い)　　손님 客、お客様　　성격 [性格]

드시다 召し上がる、いただく　　잡수시다 召し上がる

소설가 [小説家]　　들다 (手に)持つ、取る　　물어보다 聞く、尋ねる

곧 間もなく、すぐに　　탑승 [搭乗]　　수속 [手続]　　준비 [準備]

시작하다[始作-] 始める　　피곤하다[疲困-] 疲れる、くたびれる

【行動】쇼핑 ショッピング　　공부 [工夫] 勉強　　여행 [旅行]

付録 2　助詞を整理しよう

는 / 은	～は	저는 일본 사람입니다. 私は日本人です。	이것은 무엇입니까? これは何ですか。
가 / 이	～が	비**가** 옵니다. 雨が降ります。	눈**이** 옵니다. 雪が降ります。
를 / 을	～を	영화를 봅니다. 映画を見ます。	운동을 합니다. 運動をします。
의	～の	그것이 나**의** 꿈이에요.	それが私の夢です。
도	～も	토요일**도** 공부해요. 土曜日も勉強します。	저**도** 같이 갑니다. 私も いっしょに行きます。
에	～に	어디**에** 있어요? どこにありますか。	사무실**에** 있습니다. 事務室にいます。
에서	～で	도서관**에서** 책을 읽어요.	図書館で本を読みます。
	～から	한국**에서** 왔습니다.	韓国から来ました。
와 / 과	～と	커피**와** 빵이 있습니다. コーヒーとパンがあります。	빵**과** 우유가 있습니다. パンと牛乳があります。
하고	～と	일본 사람**하고** 한국 사람이 있습니다. 日本人と韓国人がいます。	
랑 / 이랑	～と	친구**랑** 밥을 먹습니다. 友だちとご飯を食べます。	필통**이랑** 노트를 삽니다. 筆ばことノートを買います。
부터	～から	월요일**부터** 시작합니다.	月曜日から始まります。
까지	～まで	3시**까지** 기다리세요. 3時まで待ってください。	역**까지** 버스를 타요. 駅までバスに乗ります。
로 / 으로	～へ	어디로 갑니까? どこへ行きますか。	부산**으로** 가요. 釜山へ行きます。

	～で	버스**로** 갑니다. バスで行きます。	일본말**로** 씁니다. 日本語で書きます。
	～として	교환학생**으로** 갑니다.	交換学生として行きます。
보다	～より	오늘**보다** 내일이 바쁩니다.	今日より明日が忙しいです。
나 / 이나	～でも	커피**나** 마실까요? コーヒーでも飲みましょうか。	비빔밥**이나** 먹읍시다. ビビンパでも食べましょう。
한테 **에게**	～に	저**한테** 연락을 주세요. 私に連絡をください。	가족**한테** 전화를 합니다. 家族に電話をします。
한테서 **에게서**	～から､～に	형**한테서** 연락이 옵니다. 兄から連絡がきます。	친구**한테서** 선물을 받아요. 友だちから贈り物をもらいます。

▶ **한테, 한테서** は口語体、**에게, 에게서** は文語体で使われます。

▶ 助詞の使い方が日本語とは異なるものがあるので、気をつけましょう。

① ～が好き(嫌い)、～が～たい、～が上手だ、～に会う

「～を　～를(을)」で表す

야채**를** 좋아합니다.　　신문**을** 읽고 싶어요.

野菜が好きです。　　新聞が読みたいです。

댄스**를** 잘해요.　　친구**를** 만나고 싶어요.

ダンスが上手です。　　友だちに会いたいです。

② ～に乗る「～を乗る　～를(을) 타다」で表す

버스**를** 탑니다.　　バスに乗ります。

지하철**을** 안 탔어요.　　地下鉄に乗りませんでした。

③ ～になる「～がなる　～가(이) 되다」で表す

두 시**가** 됩니다.　　2時になります。

대통령**이** 되고 싶어요.　　大統領になりたいです。

反切表

		1	2	3	4	5	6	7	8	9
	子音字 ＼ 母音字	ㅏ [a]	ㅑ [ja]	ㅓ [ɔ]	ㅕ [jɔ]	ㅗ [o]	ㅛ [jo]	ㅜ [u]	ㅠ [ju]	ㅡ [ɯ]
A	ㄱ [k/g]	가	갸	거	겨	고	교	구	규	그
B	ㄴ [n]	나	냐	너	녀	노	뇨	누	뉴	느
C	ㄷ [t/d]	다	댜	더	뎌	도	됴	두	듀	드
D	ㄹ [r/l]	라	랴	러	려	로	료	루	류	르
E	ㅁ [m]	마	먀	머	며	모	묘	무	뮤	므
F	ㅂ [b/p]	바	뱌	버	벼	보	뵤	부	뷰	브
G	ㅅ [s, ʃ]	사	샤	서	셔	소	쇼	수	슈	스
H	ㅇ [, ŋ]	아	야	어	여	오	요	우	유	으
I	ㅈ [ʧ/ʤ]	자	쟈	저	져	조	죠	주	쥬	즈
J	ㅊ [$ʧ^h$]	차	챠	처	쳐	초	쵸	추	츄	츠
K	ㅋ [k^h]	카	캬	커	켜	코	쿄	쿠	큐	크
L	ㅌ [t^h]	타	탸	터	텨	토	툐	투	튜	트
M	ㅍ [p^h]	파	퍄	퍼	펴	포	표	푸	퓨	프
N	ㅎ [h]	하	햐	허	혀	호	효	후	휴	흐
O	ㄲ [^ʔk]	까	꺄	꺼	껴	꼬	꾜	꾸	뀨	끄
P	ㄸ [^ʔt]	따	땨	떠	뗘	또	뚀	뚜	뜌	뜨
Q	ㅃ [^ʔp]	빠	뺘	뻐	뼈	뽀	뾰	뿌	쀼	쁘
R	ㅆ [^ʔs]	싸	쌰	써	쎠	쏘	쑈	쑤	쓔	쓰
S	ㅉ [$^ʔʧ$]	짜	쨔	쩌	쪄	쪼	쬬	쭈	쮸	쯔

10	11	12	13	14	15	16	17	18	19	20	21
ㅣ [i]	ㅐ [ɛ]	ㅒ [jɛ]	ㅔ [e]	ㅖ [je]	ㅘ [wa]	ㅙ [wɛ]	ㅚ [we, ϕ]	ㅝ [wɔ]	ㅞ [we]	ㅟ [wi]	ㅢ [ɯi]
기	개	걔	게	계	과	괘	괴	궈	궤	귀	긔
니	내	냬	네	녜	놔	놰	뇌	눠	눼	뉘	늬
디	대	댸	데	뎨	돠	돼	되	둬	뒈	뒤	듸
리	래	럐	레	례	롸	뢔	뢰	뤄	뤠	뤼	릐
미	매	먜	메	몌	뫄	뫠	뫼	뭐	뭬	뮈	믜
비	배	뱨	베	볘	봐	봬	뵈	붜	붸	뷔	븨
시	새	섀	세	셰	솨	쇄	쇠	숴	쉐	쉬	싀
이	애	얘	에	예	와	왜	외	워	웨	위	의
지	재	쟤	제	졔	좌	좨	죄	줘	줴	쥐	즤
치	채	챼	체	쳬	촤	쵀	최	춰	췌	취	츼
키	캐	컈	케	켸	콰	쾌	쾨	쿼	퀘	퀴	킈
티	태	턔	테	톄	톼	퇘	퇴	퉈	퉤	튀	틔
피	패	퍠	페	폐	퐈	퐤	푀	풔	풰	퓌	픠
히	해	햬	헤	혜	화	홰	회	훠	훼	휘	희
끼	깨	꺠	께	꼐	꽈	꽤	꾀	꿔	꿰	뀌	끠
띠	때	떄	떼	뗴	똬	뙈	뙤	뚸	뛔	뛰	띄
삐	빼	뺴	뻬	뼤	뽜	뽸	뾔	뿨	쀄	쀠	쁴
씨	쌔	썌	쎄	쎼	쏴	쐐	쐬	쒀	쒜	쒸	씌
찌	째	쨰	쩨	쪠	쫘	쫴	쬐	쭤	쮀	쮜	쯰

著者紹介

町田 小雪 (まちだ　こゆき)

創価大学講師、ソウル大学大学院修了 (国語国文学)

〈著書〉

『ハングルⅠ』『ハングルⅡ』(共著) 創価大学通信教育部 2020

『スピーチで学ぶ中級韓国語』(共著) 白帝社 2013　他

尹 秀 一 (ゆん　すいる)

創価大学教授、筑波大学大学院修了 (教育学)

〈著書〉

『ハングルⅠ』『ハングルⅡ』(共著) 創価大学通信教育部 2020

『スピーチで学ぶ中級韓国語』(共著) 白帝社 2013

『韓国語初級テキスト プレリュード韓国語』(編著) 白帝社 2006　他

金 辰 成 (きむ　じんそん)

全州大学教授、韓国外国語大学大学院修了 (日本語教育学)

〈著書〉

『JJ日本語会話初級編(上)』図書出版한글 2019

『JJ日本語会話入門編』図書出版한글 2018　他

イラスト・長岡理恵

韓国語 1st《ファースト》 Step《ステップ》

ー大学生のための実践会話ー

2022年 3月 30日　初版発行

2023年 3月 30日　2刷発行

著　者　町田小雪・尹秀一・金辰成

発行者　佐藤和幸

発行所　株式会社　白 帝 社

〒171-0014 東京都豊島区池袋 2-65-1

電話 03-3986-3271　FAX 03-3986-3272

https://www.hakuteisha.co.jp

組版・表紙デザイン　崔貞姫

印刷・製本　ティーケー出版印刷

Printed in Japan〈検印省略〉　ISBN978-4-86398-457-8

＊定価は表紙に表示してあります。